THOMAS COOK

Viajeros

Irlanda

[LUCÍA]

ERIC Y RUTH BAILEY

Que te puedo yo contar de los parajes irlandeses...
ya lo descubrirás tú. Espero que con la ayuda
de este libro (aunque no. sea mucha) y un
poco de suerte te lo pases de puta madre y
que encuentres en Dublín las niñas de casas

GRANICA gemelas que yo encontré.

Te voy a echar de menos, perdón.

Te quiero Co

Autor: Eric y Ruth Bailey

Fotografía: Christopher Hill, Steffan Hill y Michael Short

Traducción y adaptación: José M. Pomares

Diseñado y producido por AA Publishing.
Mapas © The Automobile Association 1994

El contenido de esta publicación se considera correcto en el momento de la impresión. No obstante, el editor no acepta responsabilidades por cualquier error, omisión o cambio en los datos ofrecidos en esta guía, o por las consecuencias que se pudieran seguir por el uso de la misma. Las valoraciones de los espectáculos, hoteles, restaurantes, etc..., se basan en la propia experiencia del autor y, por lo tanto, las descripciones ofrecidas en esta guía contienen, necesariamente, opiniones subjetivas que pueden no reflejar la opinión del editor, ni corresponderse con las experiencias propias del lector en otra ocasión.

Hemos procurado asegurar la exactitud en los datos de esta guía, pero las cosas cambian y, por ello, agradecemos que los lectores nos indicaran las inexactitudes que pudieran encontrar.

© Ediciones Granica, S.A. 1996 de la edición y de la traducción
  Bertrán, 107 - 08023 Barcelona
  Tel. 211 21 12 - Fax: 418 46 53

  Lavalle 1634, 3.º
  Tel. y fax: 374 14 56
  1048 Buenos Aires

Foto de la portada: *Desfiladero de Dunloe Killarney*.
Primera página: *Ostras en Strangford*.
Arriba: *Bar de Blake, Enniskillen*.

ISBN: 84-7577-442-3

Fotocomposición: EPC - Caspe, 162, 5.º - 08013 Barcelona
Impreso por Ediçoes ASA, Oporto, Portugal

North Cinalan Rd → old cabral prussia street
cabria Rd →

Índice

Sobre este libro

ANTECEDENTES

PRIMEROS PASOS

QUÉ VER

ALEJARSE DE TODO

AGENDA

Este libro está dividido en cinco secciones, identificadas por los colores aquí indicados.

NÚMEROS DE TELÉFONO
Los números de teléfono de la República de Irlanda se están cambiando. Si tiene dificultades para marcar uno, llame al 1190.

Antecedentes es una introducción al país, su historia, geografía, política y cultura.

Primeros pasos ofrece consejos prácticos sobre cómo llegar y moverse.

Qué ver es una lista de lugares interesantes para conocer, intercalada con paseos y visitas.

Alejarse de todo destaca los lugares alejados de los caminos trillados, donde es posible relajarse y disfrutar de paz y tranquilidad.

Finalmente, la *Agenda* ofrece información práctica, desde tiendas y espectáculos, hasta actividades infantiles, deportivas y una sección dedicada a los negocios. A lo largo del libro aparecen ilustradas características específicas del país.

Paisaje de Irlanda sobre amplias llanuras y suaves colinas verdes y onduladas.

ANTECEDENTES

«*Empiezo a descubrir ahora que un hombre debería estar durante cuarenta años en el país, en lugar de tres meses, y entonces no podría escribir sobre él. Me pregunto quién comprende el lugar.*»

WILLIAM THACKERAY,
Carta a la señora Carmichael-Smyth (1842)

Introducción

Irlanda significa muchas cosas diferentes para personas distintas, pero algunas de esas cosas son comunes para todos. Los visitantes destacan la calidez natural y sincera de la bienvenida que reciben por parte del pueblo irlandés. Nadie deja de apreciar los paisajes terrestres y marítimos, a veces espectaculares y salvajes, otras hermosos y en ocasiones simplemente bonitos.

Los primeros megalitos prehistóricos y cristianos, los dólmenes, torres circulares y ruinas inspiran un respeto a menudo misterioso. Encontrarse con ellos de modo casual y a veces inesperado, tanto en la ciudad como en el campo, evoca un profundo sentido de antigüedad.

Otra cosa que no pasa desapercibida en Irlanda es que los elementos raras veces

permanecen serenos por mucho tiempo. Se puede estar en un lugar, contemplando el paisaje, con un cielo azul, contrastando el juego de luces y sombras. Dos minutos más tarde aparecen las nubes y el sol desaparece y sale entre ellas. Después, surgen jirones grises en el cielo... Es hora de echar mano del paraguas. El gris se espesa en oleadas ondulantes; luego, el cielo adquiere casi un tono azul marino, sale el sol, acompañado por un arco iris o dos. El paisaje responde a un tiempo tan voluble, y es brillante o brumoso, salpicado de distantes detalles o repentinamente melancólico.

Dublín es una ciudad que flirtea y cautiva a sus visitantes. Belfast tiene dignidad. Wexford, Waterford, Cork... tienen su propio carácter singular. Y el pescado es sublime en todas partes. La mayoría de visitantes aprecian la vida social que tiene

Colinas ondulantes en las montañas Wicklow.

IRLANDA - PAÍSES Y REGIONES

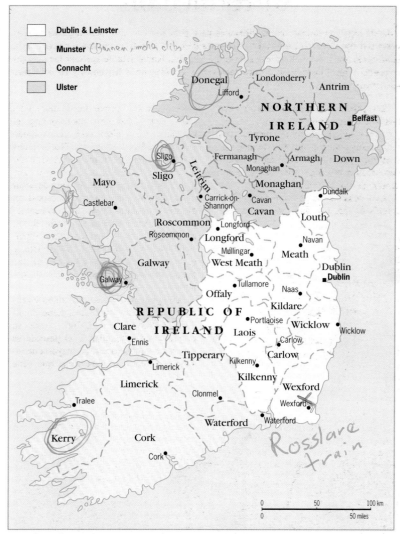

Dublin & Leinster

Munster (Bunem, mora clibs)

Connacht

Ulster

lugar en buena medida en los numerosos y agradables pubs y bares.

Pero Irlanda es esencialmente rural. Raras veces se encuentra mucho tráfico en las carreteras y si encuentra alguna dificultad serán probablemente las vacas que cruzan para ser ordeñadas, o las ovejas que se dirigen a los pastos frescos.

Historia

Aprox. 6000 a. de C.
Colonos mesolíticos cruzan al noreste de Irlanda, desde la costa oeste de Escocia.

Aprox. 3000 a. de C.
Inmigrantes neolíticos introducen la agricultura, los tejidos y la cerámica y empiezan a construir grandes megalitos.

Aprox. 600 a. de C.
Los celtas llegan desde Bretaña y Francia; Irlanda se divide en dos provincias.

Aprox. 350 d. de C.
El cristianismo llega a Irlanda.

432
Llega san Patricio.

795
Invasión masiva de los vikingos.

1014
El rey supremo BrianBorú derrota a los vikingos en Clontarf, pero su asesinato impide la unificación de Irlanda.

1169
El anglonormando «Strongbow» («Arco fuerte») ayuda a Dermot MacMurrough, depuesto rey de Leinster, a recuperar su trono.

1172
Enrique II de Inglaterra es nombrado señor de Irlanda, lo que abre el camino para el establecimiento de estados anglonormandos.

1366
Los Estatutos de Kilkenny prohíben el matrimonio con los irlandeses, que también son desterrados de las ciudades, e ilegaliza la adopción de nombres, costumbres y lengua irlandesas.

1534-1540
Lord Offaly organiza una insurrección tras la ruptura de Enrique VIII con la Iglesia católica; Offaly y cinco hermanos son ejecutados tras el fracaso de la insurrección.

1541
Enrique VIII obliga a los jefes irlandeses a rendir sus tierras.

1558-1603
Isabel I endurece el dominio inglés sobre Irlanda y establece a colonos ingleses y escoceses en tierras arrebatadas a los irlandeses.

1595-1603
Hugh O'Neill, conde de Tyrone, dirige una rebelión, pero tiene que rendirse.

1607
O'Neill dirige a otros jefes en la «Huida de los condes» a Europa.

1641
La creencia de que Carlos I de Inglaterra simpatiza con los católicos provoca la rebelión en el Ulster y la guerra civil en Inglaterra.

1649
Oliver Cromwell invade Irlanda tras derrotar y ejecutar a Carlos I; miles de irlandeses son masacrados.

1653
Bajo la Ley de Asentamiento, se arrebatan las tierras a los oponentes de Cromwell.

1689-1690
El rey Jacobo II de Inglaterra huye a Irlanda tras ser depuesto. Es derrotado por Guillermo III en la batalla del Boyne.

1704
La primera de una serie de leyes que se conocerán como el Código Penal restringe la propiedad de la tierra por parte de los católicos y les prohíbe votar, asistir a las escuelas y hacer el servicio militar.

1775
La guerra americana de la Independencia promueve la inquietud en Irlanda.

1782
El Parlamento de Grattan, nombrado así por Henry Grattan, convence al gobierno británico de que ha llegado el momento de la emancipación católica y la independencia irlandesa, pero nada resulta de ello.

1798
Los Irlandeses unidos, dirigidos por Wolfe

Tone, inician un levantamiento que es aplastado.

1800

Irlanda se convierte en parte de Gran Bretaña por la Ley de la Unión.

1829

Se aprueba la Ley de Emancipación Católica después de que Daniel O'Connell, «El Libertador», obtenga un escaño en Westminster.

1845-1848

La población de Irlanda se ve reducida en unos dos millones de personas, que mueren de hambre, tras el fracaso de las cosechas de patatas, o que emigran.

1881

Charles Stewart Parnell, líder del Partido Nacionalista, anima a los irlandeses a desafiar a los difíciles terratenientes.

1905-1908

Se funda el partido Sinn Fein tras el rechazo de dos leyes de gobierno nacional.

1914

Se retrasa la implantación del gobierno nacional debido al estallido de la guerra.

1916

La Hermandad Republicana Irlandesa organiza una insurrección en Dublín, el Levantamiento de Pascua; tras el fracaso, 16 de sus líderes son ejecutados.

1920-1921

Estallan luchas entre Gran Bretaña e Irlanda; el Tratado Angloirlandés crea el Estado Libre de Irlanda y permite que seis condados sigan formando parte de Gran Bretaña.

1922

El tratado es rechazado por los republicanos y estalla la guerra civil, que termina con la detención de Eamonn de Valera, fundador del partido Fianna Fáil.

1932

De Valera es elegido presidente del Estado Libre de Irlanda.

1949

Se crea la República de Irlanda.

1969

Durante la marcha anual de los Aprendices, en Londonderry, Irlanda del Norte, se producen enfrentamientos entre católicos y protestantes. Las tropas británicas acuden para mantener la paz. El IRA provisional lanza una intensa campaña de violencia.

1972

Trece manifestantes desarmados son muertos por disparos de las tropas británicas el 30 de enero, en el «Domingo Sangriento». Se suspende el Stormont y Westminster impone el gobierno directo. Se aprueban fuertes leyes de emergencia cuando continúan los actos de terrorismo por ambas partes.

1986

Bajo el Acuerdo Angloirlandés, la República obtiene una intervención más fuerte en los asuntos del norte.

1993

En el momento de entrar en imprenta, 3.047 personas han resultado muertas desde 1969 como consecuencia de «los problemas» surgidos.

Parnell, líder nacionalista del siglo XIX.

HISTORIA ANTIGUA

La prehistoria aún sigue viva en la Irlanda actual. Una prolífica herencia de monumentos de campo como círculos de piedra, dólmenes, tumbas y fuertes celtas que datan de muchos cientos de años a. de C., constituyen una fuente de asombro y meditación. Se los encuentra por casi todas partes. Muchos están señalizados y el visitante encuentra casualmente monumentos antiguos que la mayoría de países explotarían ávidamente.

Visitar algunos de ellos puede suponer un recorrido por tierras agrícolas enfangadas, como sucede con la figura pagana de Jano, un ídolo celta achaparrado, de cara a dos lados, en un diminuto cementerio de Fermanagh, en la isla de Boa. Otros, como el gran túmulo de Newgrange, en Co Meath, son fácilmente accesibles y presentan un sofisticado ambiente turístico.

Hay monumentos religiosos antiguos dedicados a los viejos dioses, símbolos paganos de la fertilidad, cementerio, calendarios primitivos... A veces, el propósito para el que fueron construidos estos monumentos es motivo de debate académico.

Uno de los túmulos más interesantes del país es el de la colina de Tara, en Co Meath. Originalmente incluía un fuerte sobre la colina, así como varios fuertes más en forma de anillo, y fue la residencia de los reyes supremos de Irlanda durante muchos siglos.

Izquierda: Figuras talladas en la isla de White, que combinan características cristianas y paganas.

Izquierda: La figura de Jano, con dos caras y tallada en piedra, que se encuentra en el patio de la iglesia de Caldragh, en la isla de Boa, ejerce una melancólica fascinación sobre el visitante.

Arriba: El pilar de Kilnaraune, tallado con escenas simbólicas.
Izquierda: Entrada a la tumba de la Edad del Bronce en Newgrange.

Los visitantes pueden ver la entrada a una tumba de pasillo donde se encontraron los restos incinerados de 40 personas, y varios utensilios fechados en el 2000 a. de C. por el método del carbono. También se encontró el esqueleto de un adolescente que llevaba un collar de ámbar, azabache y bronce. El suyo era el único cuerpo no incinerado.

Las cruces celtas, o cruces altas, son muy decorativas y se elevan orgullosamente en los patios de las iglesias de toda Irlanda; datan desde principios del siglo XII y algunas representan escenas de las Escrituras.

Geografía

Irlanda se halla situada en la plataforma continental, al oeste del continente europeo. Al este está separada de Gran Bretaña por el mar de Irlanda. Al noreste, el canal del Norte sitúa a Escocia a 21 km de la costa de Antrim. Al oeste se extiende la vastedad del océano Atlántico, mientras que al sur se encuentra separada de Francia por el canal de San Jorge.

Dos grandes cadenas montañosas convergen en Irlanda. El más antiguo sistema Caledoniano se extiende desde Escandinavia y Escocia hacia el norte y el oeste de Irlanda y da lugar al terreno tortuoso de los condados de Donegal, Galway y Mayo. El sistema Armoricano, más joven, se extiende desde Europa central, a través de Bretaña hasta el sudoeste de Irlanda y culmina en Carrantuohill, de 1.041 m de altura, la montaña más alta del país, en los Reeks de Macgillycuddy. Los famosos «lagos y brezales» de Killarney están en las laderas orientales de los Reeks.

Un estrecho cinturón de tierras bajas cruza el país desde la península Carlingford y las montañas Wicklow, en el este, hasta el océano Atlántico en el oeste, a lo largo del estuario del Shannon, y las bahías de Galway, Clew y Donegal. En Co Clare, las tierras bajas se elevan hacia el oeste y terminan en los magníficos acantilados de Moher.

El majestuoso río Shannon, de 340 km, es el más largo de Irlanda. Nace en Co Leitrim y se abre a una serie de atractivos lagos antes de llegar a su ancho y tortuoso estuario, entre los condados de Clare y Limerick.

Los principales ríos que fluyen hacia el este son el Lagan, que desemboca en Belfast; el Liffey, que desemboca por Dublín, y el Slaney, que llega al mar por Wexford. En el Ulster, el río Erne fluye hacia el norte, abriéndose al Lough Erne alto y bajo antes de desembocar por la bahía de Donegal.

El clima de Irlanda es legendario y algo de verdad hay en la humorística frase que dice: «Si puede ver la montaña significa que va a llover; si no la ve significa que está lloviendo». En realidad, sin embargo, el clima es suave y sin extremos, debido en buena medida a la corriente del Golfo, cuyas aguas relativamente cálidas bañan las costas irlandesas.

Las lluvias más fuertes caen en Donegal, Karry y Mayo, donde pueden superar

La Calzada de los Gigantes, compuesta por unas 40.000 columnas basálticas hexagonales, se formaron hace 60 millones de años tras el enfriamiento de la roca volcánica.

El tortuoso valle de Glenmacnass, en las montañas Wicklow.

los 3.000 mm anuales. El este de Irlanda es mucho más seco, con una media de sólo 785 mm anuales en Dublín.

El variable tiempo de Irlanda tiene, sin embargo, dos ventajas: la luz en constante cambio y el verde de la vegetación. Aunque limitada, la flora tiene muchas características interesantes. Los caminos de Cork y Kerry, por ejemplo, son famosos por sus profusos setos de fucsias, mientras que la flora ártico-alpina crece en el Burren, en Co Clare.

Entre las 27 especies de mamíferos que se encuentran en Irlanda hay ciervos rojos, martas de los pinos, tejones, liebres, nutrias y armiños. El único reptil es el lagarto corriente. En los ríos y lagos abundan el salmón, la trucha y la umbra, así como el pez basto. Unas 125 especies de aves silvestres anidan en la isla y se ha detectado la visita de más de 250 especies.

LA IRLANDA DE THOMAS COOK
Tras organizar una excursión a Liverpool en 1846, Thomas Cook partió hacia Irlanda en 1853. Superadas algunas dificultades para obtener servicios de los directores de ferrocarriles, John Mason Cook, el hijo de Thomas Cook, emprendió una serie de giras. En 1874 se estableció una oficina en Dublín y a finales de siglo un folleto especial anunciaba giras a todas partes de Irlanda. Para entonces ya había oficinas en Dublín, Belfast, Queenstown y Cork. La oficina de Belfast permaneció abierta durante la Segunda Guerra Mundial y participó activamente en el movimiento de las tropas aliadas.

Política

Para los extranjeros, un tema domina la política irlandesa: lo que en el país se llama «los problemas». Aunque es cierto que sigue habiendo graves desórdenes políticos, la mayoría del pueblo, tanto al norte como al sur de la frontera, vive pacíficamente y se centran en los temas políticos domésticos y normales.

No obstante, aunque el parlanchín irlandés puede hablar y habla de cualquier tema que surja, la política, aunque no es un tabú, sí es un tema que los visitantes harán mejor en evitar. Ese consejo, que también abarca la religión, se da con frecuencia a gente que viaja por todas partes del mundo, pero debe aplicarse particularmente en el caso de Irlanda donde hasta el personaje más razonable puede mostrarse ardiente cuando un extranjero habla de la política irlandesa sin saber bien de qué habla.

Los políticos de la República, de Irlanda del Norte y del Reino Unido han intentado muchas veces encontrar formas de atajar «los problemas», pero las actitudes atrincheradas de todas las partes han impedido el progreso. Los «problemas» continúan e incluso parecen intensificarse en el momento de escribir, con un aumento del terrorismo en Gran Bretaña y en la Provincia.

Los datos que se incluyen aquí puede ofrecer antecedentes para comprender la situación actual.

Irlanda ha estado políticamente dividida desde 1920-1921. Después de siglos de

El neoclásico Stormont, el antiguo edificio del Parlamento de Irlanda del Norte, en Belfast.

gobierno británico, incluido un período de 120 años en el que toda Irlanda estuvo gobernada como parte del Reino Unido, 26 de sus 32 condados obtuvieron su independencia.

Seis quedaron fuera, formando Irlanda del Norte y manteniéndose dentro del Reino Unido. Son los de Antrim, Armagh, Londonderry, Down, Fermanagh y Tyrone, en la provincia del Ulster. Los otros condados del Ulster (Cavan, Donegal y Monaghan) pertenecen a la República de Irlanda. La Constitución de Irlanda y la Ley de la República de Irlanda (1949) rompieron con los últimos lazos formales entre Irlanda y Gran Bretaña.

Irlanda del Norte elige a 17 parlamentarios para Westminster. Desde 1921 a 1972, y aunque estuvo representada en Westminster, el gobierno de Stormont funcionó con virtual autonomía de Londres en las cuestiones locales.

En 1972 y como consecuencia de un aumento de la actividad del IRA en Irlanda del Norte, y de la acción paramilitar de los grupos extremistas legitimistas, el gobierno británico reasumió la responsabilidad directa sobre todos los aspectos del gobierno de Irlanda del Norte. El secretario de Estado para Irlanda del Norte es miembro del gabinete británico.

El gobierno de la República es una democracia parlamentaria, con dos cámaras, el Dáil, o Cámara de Representantes, y el Seanad (Senado). El presidente es el jefe del Estado, y el primer ministro (Taoiseach) es el jefe de gobierno. Si hay más de un candidato para la presidencia, el presidente es elegido por el voto directo del pueblo.

La Constitución de Irlanda, adoptada por referéndum en 1937, establece la forma de gobierno, define sus poderes y los del presidente y el primer ministro. También define la estructura y los poderes de los tribunales, establece los derechos fundamentales de los ciudadanos y contiene

Leinster House es la sede del Dáil (Cámara de Representantes) y del Seanad (Senado).

una serie de principios directivos de política- social.

Actualmente, el Dáil cuenta con 166 miembros, que pertenecen a seis partidos políticos principales: Fianna Fáil, Fine Gael, Laborista, Demócratas progresistas, Izquierda Democrática y el Partido de los Trabajadores. El Seanad, compuesto por 60 miembros, puede iniciar o enmendar la legislación.

Según la Constitución, todo ciudadano tiene derecho a pedir amparo a los tribunales para asegurar sus derechos o para que se pronuncie un juicio sobre si una determinada legislación es compatible con la Constitución. Antes de firmar una ley, el presidente puede someterla al Tribunal Supremo para que emita una decisión sobre su compatibilidad con la Constitución. Este procedimiento ha hecho que una serie de leyes o partes de las mismas se hayan declarado como inconstitucionales y, en consecuencia, hayan sido retiradas.

El gobierno local, responsable del alojamiento público, el suministro de agua y los servicios higiénicos, el mantenimiento de las carreteras, la educación profesional y otros servicios, está administrado por 113 autoridades locales y sostenido con fondos estatales e impuestos locales sobre la propiedad no residencial.

Cultura

La cultura irlandesa es una mezcla mística de pasado y presente, en la que aparecen difuminados los límites que separan el mito de la realidad, la magia de la tecnología, lo absurdo del orden. La leyenda se convierte en historia, y el mito se hace más tangible al darnos cuenta de que los lugares de la leyenda existen realmente.

Las raíces de Irlanda están firmemente introducidas en suelo celta. Los celtas, inicialmente inmigrantes, fueron un pueblo independiente e imaginativo al que le encantaba una buena canción, una buena historia, una buena discusión y una buena lucha. ¿Dónde? Los encontrará en la actualidad, tan orgullosos de su herencia tanto entre las boutiques elegantes de Grafton Street, en Dublín, como en los páramos azotados por el viento de Kerry y Connemara.

El carácter celta ha sobrevivido a los prejuicios violentos de siglos. La opresión de los ingleses, especialmente las leyes penales del siglo XVIII, sofocaron la cultura y la lengua irlandesas hasta casi su extinción. Casi, pero no del todo.

Se crearon escuelas clandestinas en el campo y cuando Irlanda alcanzó por fin la independencia, se adoptó el irlandés (gáelico) como primer idioma nacional, convertido ahora en asignatura obligatoria en las escuelas y más ampliamente hablado ahora que en cualquier otra época desde el siglo XIX.

Una parte importante de los esfuerzos británicos por subyugar a los irlandeses fue la política de «implantación», por la que inmigrantes protestantes procedentes de Inglaterra y Escocia fueron instalados en tierras confiscadas a los católicos irlandeses. Descendientes de origen angloirlandés, la élite privilegiada que controló Irlanda, todavía conservan grandes propiedades en la República. Atrapados entre dos mundos, un hogar irlandés y una herencia inglesa, son tratados con amable precaución por sus vecinos irlandeses, que todavía los consideran como más ingleses que los propios ingleses.

En la actualidad, los irlandeses han recuperado un sentido de la identidad que casi se perdió para siempre, y el orgullo celta se refleja en la escritura tradicional de los nombres de las tiendas, en la literatura, el arte y la música.

Los carteles muestran nombres escritos tanto en inglés como en irlandés, sobre todo en la República.

PRIMEROS PASOS

«Irlanda es una pequeña
Rusia en la que el camino
más largo es el más corto
para regresar al hogar, y
donde los medios son más
importantes que el fin.»

GEORGE MOORE,
Ave (1911)

LLEGADA
Por vía aérea

Hay cinco grandes aeropuertos internacionales en Irlanda: Shannon, Dublín, Cork, Knock y el internacional de Belfast, en Aldergrove.

Shannon, en la costa occidental, es la puerta para los vuelos que llegan de América del norte, pero las opciones de líneas aéreas para servicios programados están limitadas a la compañía nacional de Irlanda, Aer Lingus y Delta. Volar vía Londres abre una selección mucho más amplia para viajeros procedentes de Canadá y Estados Unidos.

El aeropuerto de Dublín tiene buenas conexiones europeas. Aer Lingus, British Midland y Ryanair, son las principales compañías en rutas entre el Reino Unido e Irlanda, mientras que Aer Lingus y otras grandes compañías nacionales conectan con las principales ciudades europeas.

El aeropuerto de Cork tiene vuelos directos con Dublín, Londres y con destinos continentales limitados, con buenas conexiones internacionales a través de Dublín.

El aeropuerto de Knock, en Co Mayo, es conocido oficialmente como aeropuerto internacional Horan. Debe su existencia a la determinación de un sacerdote local que hizo durante años campaña en favor de un aeropuerto para los peregrinos que acudían al pueblo donde hubo apariciones de la Virgen María en 1879. El aeropuerto tiene servicios programados desde Gran Bretaña, así como vuelos chárter internacionales, y da servicio a una gran zona del noroeste.

Belfast tiene dos aeropuertos. El internacional, en Aldergrove, es la principal puerta de entrada y está a 30 km del centro de la ciudad, pero la autopista de enlace es excelente. Tanto British Airways como British Midland Airways tienen servicios de puente aéreo entre Aldergrove y Heathrow, en Londres. También hay conexiones con otras grandes ciudades británicas. Los viajeros procedentes de América del Norte que llegan en vuelos regulares suelen pasar por Londres.

El aeropuerto de la ciudad de Belfast, a sólo 7 km del centro de la ciudad, recibe vuelos del aeropuerto Luton (a unos 30 km de Londres) y de otros aeropuertos provinciales británicos (véase **Llegada**, pág. 178).

Por vía marítima

El único gran barco que atraca ahora en Cobh, en Co Cork, es el *QEII*, y sólo una o dos veces al año. Viajar ahora por mar supone emplear una forma más prosaica de cruce con el ferry desde Gran Bretaña o Francia.

Todas las rutas principales hacia la República empiezan en Gales: Holyhead para Dun Laoghaire; Fishguard para Dun Laoghaire y Rosslare; Pembroke para Rosslare, y Swansea para Cork.

A Belfast se llega desde los puertos escoceses de Cairnryan y Stranraer, y desde Liverpool. También hay servicios a Rosslare desde Cherbourg y Le Havre, y a Cork desde Le Havre y Roscoff (véase **Llegada**, pág. 179).

CÓMO DESPLAZARSE

Irlanda es un país pequeño (aunque probablemente mucho más grande de lo que esperan la mayoría de visitantes), y las comunicaciones suelen ser buenas.

En autobús

Bus Éireann en la República, y Ulsterbus en Irlanda del Norte tienen servicios de larga distancia. Ambas empresas ofrecen un método de viajar que es razonablemente eficiente y no muy caro, sobre todo por zonas donde los servicios de ferrocarril son infrecuentes o inexistentes. Los servicios de autobuses urbanos son excelentes, particularmente en Dublín y en Belfast.

Es posible viajar entre Gran Bretaña e Irlanda en autobús, aunque no sea la forma más rápida, pero sí es la más barata. Los servicios pertenecen a la National Express-Supabus, en Gran Bretaña, y a Slattery's, una compañía irlandesa (véase **Transporte público**, pág. 187).

En coche

Es la mejor forma de desplazarse por Irlanda. Las carreteras suelen ser buenas y siguen mejorando, a ambos lados de la frontera. Ya hace tiempo que la vieja imagen de la carretera irlandesa llena de baches de barro ha dado lugar a la experiencia moderna de vías excelentes subvencionadas a menudo por la Comunidad Europea.

THOMAS COOK
Consejos para el viajero

Cualquier oficina de la red Thomas Cook ofrecerá cambio de ruta aérea y confirmación de pasaje gratuitos a quienes presenten la tarjeta MasterCard, y a los viajeros que hayan adquirido sus pasajes en una oficina Thomas Cook.

En tren

Los servicios de ferrocarril en la República dependen de Irish Rail, los ferrocarriles estatales. Los trenes son cómodos y generalmente fiables, con precios razonables. Hay dos clases: el vagón estándar (segunda) y el superestándar (primera). A las grandes ciudades y puertos se llega fácilmente desde Dublín, pero hay grandes huecos en el sistema, sobre todo en el noroeste.

Northern Ireland Railways, también estatal, es la compañía que opera entre Belfast y Londonderry, Bangor y Dublín. El exprés Belfast-Dublín salva la distancia entre las dos ciudades en dos horas. Hay seis trenes diarios en cada dirección, con un servicio reducido los domingos (véase **Transporte público**, pág. 188).

Para más detalles sobre servicios ferroviarios véase *Thomas Cook European Timetable*, que se publica mensualmente.

LAS REGIONES

Las antiguas provincias de Irlanda (Ulster, Munster, Leinster y Connacht) dividen aproximadamente el país en norte, sur, este y oeste.

El Ulster es una región increíblemente hermosa; resulta difícil encajar los titulares de la prensa y las noticias de la televisión con la realidad de unos pueblos tan tranquilos, un campo tan sereno, unas vistas tan asombrosas y, sobre todo, una gente tan afable. Cierto que el tronar de los helicópteros se oye sobre las calles de Belfast y que los caminos cercanos a la frontera están patrullados por soldados armados. Pero la mayor parte del tiempo el visitante puede disfrutar de un ambiente rural con el que pocos lugares pueden rivalizar.

Munster se extiende al sur de la bahía de Galway, hasta Mizen Head y la isla de Cape Clear, y al este hasta Waterford. Altos acantilados puntúan la costa de cuevas rocosas y suaves playas arenosas. Aquí es donde se encuentran los lugares más antiguos: Limerick y Waterford, de origen vikingo; los fuertes de la península Dingle y la legendaria Roca de Cashel.

Leinster se extiende desde la frontera del Ulster hacia el sur, hasta Co Wesford, y desde el mar de Irlanda hasta el río Shannon. Aquí fue donde los jefes de los clanes construyeron el túmulo funerario de Newgrange y donde los posteriores reyes supremos de Irlanda gobernaron desde la colina de Tara. Brian Ború derrotó a los vikingos en Clontarf, cerca de Dublín, en 1014, y la victoria de Guillermo de Orange en 1690, en el Boyne, inició los acontecimientos que continúan en la actualidad.

Connacht, en el extremo oeste de Irlanda, es un territorio de anchos horizontes con montañas que se yerguen sobre el siempre cambiante Atlántico a un lado, y las fértiles llanuras del valle del Shannon al otro. Hacia el sur, la ciudad medieval de Galway mira hacia las islas Aran, y Benbulben, en el norte, domina Sligo y los paisajes que inspiraron a W. B. Yeats.

Un tílburi, ideal para desplazarse.

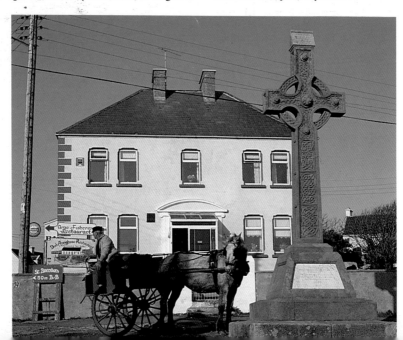

LA FRONTERA

La frontera entre la República e Irlanda del Norte, creada en 1921 por la ley británica del Gobierno de Irlanda, traza un bucle desde la costa occidental de Lough Foyle hasta Carlingford Lough, justo al sur de Newry, en Co Down.

Según esta ley, seis de los nueve condados del Ulster (Antrim, Armagh, Down, Fermanagh, Londonderry y Tyrone), fueron conservados como parte del Reino Unido. Cavan, Donegal y Monaghan, los condados restantes del Ulster, pasaron a formar parte de la República.

La frontera dejó a una serie de comunidades a caballo entre dos jurisdicciones, lo que no supuso problema alguno en tiempos de paz, aparte de crear oportunidades para el contrabando, pero sí fueron un peligro para la seguridad cuando surgió la violencia.

Ahora, la frontera se levanta como un símbolo de una Irlanda dividida, y subraya la ambivalencia existente en el norte ante la pregunta: «¿Es usted británico o irlandés?». Las gentes de Irlanda del Norte pueden elegir entre un pasaporte irlandés o británico; los más prácticos solicitan los dos. La supresión de las barreras aduaneras y de inmigración en la Comunidad Europea ha eliminado las fronteras entre los Estados miembro, pero ha representado muy pocas diferencias para la división entre el norte y el sur de Irlanda.

Aunque el ejército británico y las patrullas del ejército real del Ulster son evidentemente más activas en las zonas situadas cerca de la frontera, el cruce no es en la actualidad tan espectacular como cabría esperar, y a menudo se lleva a cabo sin llamar la atención. En algunos lugares, como por ejemplo entre Belcoo, Co Fermanagh y la vecina Blacklion, Co Leitrim, la única indicación de que se ha cruzado la frontera es que las señales de carreteras muestran los nombres en irlandés, además de inglés.

Estatua de Guillermo de Orange, que desembarcó en Carrickfergus en 1690.

Las patrullas del ejército, acompañadas casi siempre por un oficial del ejército del Ulster, asustan con sus rostros pintarrajeados, los uniformes de camuflaje y los rifles automáticos, pero si hacen parar a los conductores se les trata invariablemente con cortesía, y se les suele pedir que muestren su permiso de conducir y que expliquen el motivo de su viaje.

Lo que no debe hacerse es tomar fotografías de los soldados o de las instalaciones fronterizas.

ESTILO DE VIDA Y ETIQUETA

Una frase moderna sintetiza perfectamente un estilo de vida que ha prevalecido en Irlanda desde que el primer pastor celta se tumbó sobre el césped con un suspiro de felicidad; la frase es «Reclinar la espalda».

El tiempo, le dirán en Irlanda, es el único valor del que cada uno de nosotros disponemos en igual medida: 24 horas cada día. La mayoría de nosotros lo tratamos como si fuera dinero: lo administramos, contamos, calculamos y tratamos para sacarle un beneficio. Los irlandeses lo consideran como parte de su herencia, una reliquia a la que se trata como una obra de arte. El tiempo es demasiado precioso como para malgastarlo en un comercio mundano.

Una conversación entablada con un pasajero en un autobús puede hacer que uno de ellos o los dos pasen de largo la parada.

Una visita al pub puede prolongarse más allá de lo previsto, pues en Irlanda no se sabe lo que es tomar una copa rápida. Cálida y fácilmente, se siente uno arrastrado a la conversación, preguntando sin ser interrogado, escuchado con cortesía y buen humor.

El teatro Abbey de Dublín es famoso por representar obras de autores irlandeses sobre los irlandeses.

Momento para observar el mundo.

En Irlanda se practican la cortesía y la hospitalidad a la antigua. Los hombres todavía abren la puerta a las mujeres, y les ceden sus asientos en trenes y autobuses, aunque el reverso de esa medalla es un machismo igualmente anticuado.

La regla básica para el visitante es: «Sea parlanchín». Cuando alguien se dirija a usted, conteste profusamente. Mejor aún, empiece con un saludo y un comentario sobre el tiempo. Pero no inicie nunca una discusión sobre temas a los que los irlandeses sean particularmente sensibles, especialmente el aborto, el divorcio, la religión y el Norte.

QUÉ VER

«Allí estaba la costa verde de Irlanda,
como una costa de la abundancia.
Podíamos ver ciudades, torres, iglesias,
siegas; pero no podíamos discernir el
curso de 800 años de historia.»

R. W. EMERSON,
Rasgos ingleses, 1856

Leinster

Leinster es una provincia de escenarios variados y encantadores, con fascinantes terrenos bajos, lagos llenos de peces, el río Shannon, reservas naturales, playas arenosas, majestuosas casas y castillos. Hay aquí más condados que en las otras tres provincias (12 de 32), además de Dublín, la capital de la República.

CIUDAD DE DUBLIN

TEATRO ABBEY

Fundado en 1904 por W. B. Yeats y sus amigos para la representación de obras de y sobre irlandeses, aquí se estrenaron las obras de Yeats, Synge, Shaw, O'Casey y otros. El Abbey incorpora el teatro Peacock, más pequeño (véase pág. 58).

Lower Abbey Street (tel.: 01-787222).

BANCO DE IRLANDA

Este magnífico edificio del siglo XVIII, con su enorme pórtico multicolor y sus figuras esculpidas, fue diseñado como Parlamento Irlandés. Cuando dejó de existir el Parlamento, tras la aprobación de la Ley de Unión de 1800, el Banco de Irlanda adquirió el edificio. Durante las horas de trabajo se puede ver la antigua Cámara de los Comunes. Se organiza la visita de pequeños grupos a la Cámara de los Lores, que todavía conserva intacta su forma original.

College Green (tel.: 01-776801). Abierto: lunes a viernes, 10.00-12.30, 13.30-15.00 (hasta las 17.00 los jueves). Entrada gratuita.

BIBLIOTECA CHESTER BEATTY Y GALERÍA DE ARTE ORIENTAL

Regalada al país por sir Alfred Chester Beatty (1875-1968), conserva manuscritos que se remontan a papiros bíblicos y Coranes persas, grabados, pinturas y artefactos orientales.

20 Shrewsbury Road, Ballsbridge, Dublín 4 (tel.: 01-2692386). Abierto: lunes a viernes, 10.00-17.00; sábado, 14.00-17.00. Visita guiada gratuita los miércoles y sábados a las 14.30.

CATEDRAL DE CHRIST CHURCH

Esta histórica catedral de la Iglesia de Irlanda (anglicana) fue fundada en 1038 por Sitric Silkenbeard, rey de los vikingos de Dublín, que construyó aquí una sencilla iglesia de madera. En 1169 fue reconstruida en piedra por Richard de Clare, conde de Pembroke (Strongbow). En el ala sur hay un monumento a Strongbow.

Christchurch Place, Dublín 8 (tel.: 01-778099). Abierto: diariamente, 10.00-17.00. Entrada gratuita.

El exquisito techo chino de la Biblioteca Chester Beatty y la Galería de Arte Oriental.

AYUNTAMIENTO

Es la sede de la corporación de Dublín desde 1852, fue construido entre 1769 y 1779 como Bolsa Real. En la década de 1780 fue escenario de las incursiones de los voluntarios irlandeses y las tropas gubernamentales lo usaron como cuartel y cámara de tortura durante la rebelión de 1798. Tiene un hermoso vestíbulo de entrada abovedado.

Dame Street, Dublín2 (tel.: 01-6796111). Abierto: lunes a viernes, 9.00-13.00, 14.15-17.00. Entrada gratuita.

LEINSTER

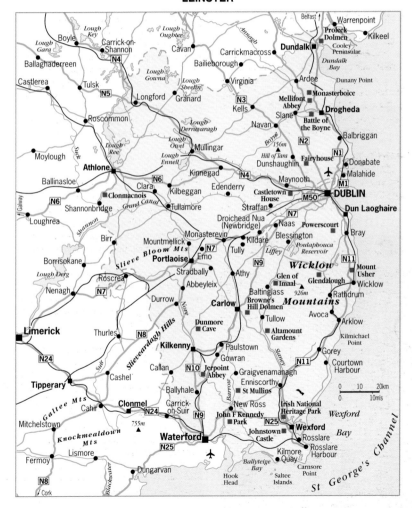

CIVIC MUSEUM

Dedicado a la historia del comercio, la industria, el transporte y la política locales, se conservan monedas acuñadas por los vikingos de Dublín, hachas de sílex, mapas antiguos y vistas de Dublín. Se celebran exposiciones sobre la vida en Dublín.

58 South William Street, Dublín 2 (tel.: 01-794260). Abierto: martes a sábados, 10.00-18.00; domingo, 11.00-14.00. Cerrado: lunes. Entrada gratuita.

CUSTOM HOUSE

Aunque no está abierta al público, el imponente exterior de la Custom House merece algo más que un simple vistazo de pasada desde el extremo alejado del puente Talbot Memorial. Este edificio del siglo XVIII diseñado por James Gandon fue incendiado por las fuerzas nacionalistas en 1921 y resultó gravemente dañado. A finales de la década de 1980 se realizaron grandes obras de restauración (véase pág. 58).
Custom House Quay.

CASTILLO DE DUBLÍN

Construido a principios del siglo XIII, sólo sobrevive una de las cuatro torres normandas, la Record Tower. Los presidentes de Irlanda han iniciado su mandato en el imponente Salón de San Patricio desde 1938, y a los dignatarios extranjeros se les aloja en los elegantes Apartamentos Estatales (véase pág. 57).

Dame Street, Dublín 2 (tel.: 01-777129). Abierto: lunes a viernes, 10.00-12.15, 14.00-17.00; sábado y domingo, 14.00-17.00. Los horarios pueden variar debido a funciones estatales; compruebe con el Centro de Información Turística (tel.: 01-747733). Entrada de pago.

EXPERIENCIA DE DUBLÍN

Esta interpretación multimedia de Dublín y de sus gentes desde el siglo X hasta los tiempos modernos es una presentación útil y entretenida de 45 minutos de duración, que se ve mejor antes de visitar la ciudad.

Thomas Davis Theatre, Trinity College Campus, Dublín 2 (tel.: 01-772941), ext. 1177. Abierto: diariamente, 10.00-17.00, desde finales de mayo a principios de octubre. Entrada de pago.

MUSEO DE LOS ESCRITORES DE DUBLÍN

Inaugurado en 1991, el museo tiene pinturas y bustos de muchos de los grandes escritores de Dublín, así como recuerdos y libros raros. Hay una sala de conferencias, exposiciones temporales, una sección de libros infantiles y un centro donde los auto-

Mobiliario suntuoso para uno de los salones estatales del Castillo de Dublín.

res irlandeses pueden reunirse, relacionarse, investigar y trabajar (véase pág. 59).
18-19 Parnell Square North, Dublín 1 (tel.: 01-722077). Abierto: lunes a sábado, 10.00-17.00; 14.00-18.00 los domingos y fiestas públicas. Entrada de pago.

ZOO DE DUBLÍN

Abierto desde hace más de 160 años, es uno de los pocos zoos donde los leones han criado en cautividad, uno de los cuales alcanzó fama mundial como el león de la Metro. Hay una gran colección de animales y aves silvestres, algunas de especies en peligro, procedentes de muchos países, y paneles informativos, un rincón del animal de compañía y un trayecto en tren por el zoo.
Phoenix Park, Dublín 7 (tel.: 01-771425). Abierto: diariamente, 9.00-18.00. Entrada de pago.

FOUR COURTS

El arquitecto James Gandon produjo una obra maestra con este edificio, inaugurado en 1802, donde están los tribunales de Chancery, King's Bench, Exchequer y Common Pleas. Quedó gravemente afectado en 1922 a causa de una acción de la guerra civil; una batalla de tres días terminó con una explosión que destruyó muchos de los registros y documentos oficiales históricos de Irlanda (véase pág. 59).
Inns Quay, Dublín 8 (tel.: 01-725555). Abierto: lunes a viernes, 11.00-13.00, 14.00-16.00. Entrada gratuita.

OFICINA GENERAL DE CORREOS

Este imponente edificio, con su enorme pórtico jónico y sus seis columnas estriadas, se terminó en 1818 y quedó virtualmente destruido en el levantamiento de Pascua de 1916. Se reabrió en 1929. En el interior hay una estatua de bronce del moribundo Cuchulain, líder de los caballeros rojos de la mitología irlandesa (véase pág. 59).
O'Connell Street, Dublín 1. Abierto: lunes a sábado, 8.00-20.00; domingo y fiestas públicas, 10.30-18.30.

CENTRO DE VISITANTES DE LA GUINNESS HOP STORE

Una exposición de toneles y una galería de transportes relacionados con el imperio Guinness se encuentra en los cuatro pisos del Hop Store, del siglo XIX, en las 26 hectáreas donde se levantó la cervecería original. La exposición el Mundo de Guinness incluye una presentación audiovisual que muestra la historia y la fabricación del producto más famoso de Dublín. No hay visitas públicas por la cervecería, se puede probar la Guinness en el bar de la Hop Store.
Crane Street (junto a Thomas Street), Dublín 8 (tel.: 01-536700). Abierto: lunes a viernes, 10.00-16.00 (excluidas las fiestas públicas). Entrada de pago.

El «tonelero» demuestra sus habilidades en la exposición del Mundo de Guinness.

VIDA URBANA

Según los diccionarios, una ciudad es un lugar donde vive un gran número de habitantes; una aglomeración densamente poblada con una concentración comercial. La palabra implica un ritmo acelerado, sofisticación y cierto grado de estrés.

En Irlanda, todavía muy rural a pesar de los centros comerciales y de ocio y las autopistas financiadas por la CE, una ciudad se describe a menudo mucho mejor como una acumulación de pubs alrededor de una plaza en la que se puede comerciar los días de mercado y chismorrear durante todo el año.

Muchas de las ciudades más grandes siguen siendo lo bastante pequeñas como para que desde sus centros se contemplen los campos, bosques y montañas que los rodean. Incluso en la metropolitana Dublín se puede pasar la vista desde un grupo de estudiantes vestidos para una fiesta de gala que cruzan Grafton Street después de una fiesta que ha durado toda la noche, hasta un hombre decentemente vestido con un traje de tweed y botas wellington de color verde.

La cercanía del campo a la vida urbana irlandesa queda subrayada por las tiendas de ultramarinos, que a menudo son lugares pequeños donde se exponen artesanalmente frutas y verduras, como manzanas ligeramente golpeadas o zanahorias que todavía muestran tierra adherida, con total ausencia de preempaquetados de plástico. Todo da la impresión de haber sido cosechado al lado de la carretera, como probablemente lo ha sido.

Hay un ambiente antiguo y encantador, escaparates repletos de cacharros inidentificables de todo tipo, para uso agrícola

Vida y carácter callejeros.

o en jardinería; ancianos que pedalean montados en bicicletas viejas y pesadas; perros que deambulan libremente de un lado a otro; escolares uniformados y amas de casa que charlan a la puerta de sus hogares.

Y también se observan otras cosas singularmente irlandesas, como los nombres de las tiendas escritos en gaélico, posters hechos a mano que anuncian un *ceilidh*, o la visita de un novelista, y la versatilidad de los hombres irlandeses de negocios, capaces de combinar la dirección de una institución estatal con la de un salón de té, o la de un pub con una funeraria.

IRISH WHISKEY CORNER

Es parte del antiguo complejo de la destilería Jameson's, construido en 1791 y convertido en las oficinas principales de la Irish Distillers, en la que se fusionaron varias compañías, y donde ahora está este museo que incluye una presentación audiovisual y una muestra de productos en el bar Ball o' Malt (véase pág. 59).

Bow Street, Dublín 7 (tel.: 01-725566). Visitas: 15.30, días laborables. Entrada de pago.

KILMAINHAM GAOL

La historia que abarca un siglo y medio es algo casi tangible en Kilmainham Gaol, erigido en 1796 y convertido ahora en un museo que destaca la historia política y penal de Irlanda desde la década de 1780 hasta la de 1920; la vieja cárcel todavía ofrece un ambiente cruel y es un inexorable recordatorio de tiempos más oscuros.

Eamonn de Valera, antiguo líder del Fianna Fáil, Taoiseach (primer ministro) y más tarde presidente, fue uno de los últimos detenidos que pasó tiempo aquí. Años

La exposición de objetos en Kilmainham Gaol evoca la dura realidad de pasar una temporada en prisión.

más tarde, en 1966, declaró oficialmente abierto el museo Kilmainham Gaol.

Una fascinante presentación audiovisual ofrece un bosquejo de 30 minutos de duración sobre el nacionalismo irlandés durante un período de 200 años. La cárcel también se ha usado como escenario para una serie de películas internacionales.

Inchicore Road, Dublín 8 (tel.: 01-535984). Abierto: junio a septiembre, diariamente, 11.00-18.00; octubre a mayo, miércoles y domingo, sólo 14.00-18.00. Entrada de pago.

LEINSTER HOUSE

El Dáil (cámara baja) y el Seanad (Senado) del Parlamento irlandés se reúnen en este lujoso edificio, construido en 1745 como casa urbana de los duques de Leinster, pero para entrar a la galería de visitantes se necesita una introducción de un Teachta Dáil (parlamentario).

Kildare Street, Dublín 2.

RECLUSOS DE KILMAINHAM

Eamonn de Valera, nacido en Nueva York, de origen irlandés, influyó mucho sobre la política irlandesa durante un largo período. Pasó un tiempo en esta prisión debido al papel que jugó en el levantamiento de Pascua, en 1916; fue puesto en libertad en 1924. Uno de los predecesores de De Valera en Kilmainham fue Charles Stewart Parnell, líder del Partido Nacionalista. Los jefes del levantamiento de Pascua fueron ejecutados en la prisión, entre ellos Con Colbert, Padraig Pearse y James Connolly. Las ejecuciones se llevaron a cabo en un patio amurallado que se puede visitar. Contiene un asta con la bandera tricolor irlandesa, dos cruces de madera y una placa con los nombres de los nacionalistas ejecutados. También pueden visitarse la capilla, las celdas y la exposición de objetos relacionados con los reclusos.

THE LIBERTIES

Esta zona del sudoeste de la ciudad abarca unas 80 hectáreas. Históricamente, el nombre tiene su origen en los privilegios concedidos por la Carta Magna. En la actualidad es un interesante barrio lleno de mercados, tiendas de artículos de segunda mano, casas de apuestas, iglesias y pubs.

BIBLIOTECA DE MARSH

Abierta en 1707, es la más antigua de Irlanda. Podrá ver las «jaulas» de lectura para impedir el robo de libros.

St. Patrick's Close, Dublín 8 (tel.: 01-543511). Abierto: lunes, miércoles a viernes, 10.00-12.45, 14.00-17.00; sábado, 10.30-12.45. Se admiten donativos.

DUBLÍN

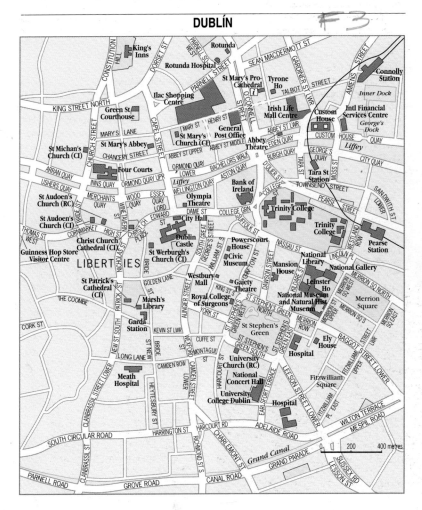

MUSEO DE LA INFANCIA

Este fascinante y pequeño museo incluye colecciones de muñecas desde 1730 a 1940, cochecitos y casas de muñecas, caballos de madera y muebles en miniatura, así como una amplia variedad de otros juguetes.

The Palms, 20 Palmerston Park, Rathmines, Dublín 6 (tel.: 01-973223). Abierto: julio y agosto, miércoles y domingos, 14.00-17.30; resto del año, sólo domingos, 14.00-17.30. Entrada de pago.

JARDINES BOTÁNICOS NACIONALES

Veinte mil especies diferentes de plantas se encuentran en las 20 hectáreas de jardines de roca, hierbas y rosas, en las plantaciones herbáceas y en los extraordinarios invernaderos de mediados del siglo XIX, diseñados y construidos por Richard

Turner. Los jardines, situados en un lugar atractivo junto al río Tolka, datan de 1795.

Glasnevin, Dublín 9 (tel.: 01-377388). Abierto: verano, lunes a sábado, 9.00-18.00; domingo, 11.00-18.00; invierno, lunes a sábado, 10.00-16.30; domingo, 11.00-16.30 (los invernaderos abiertos menos horas). Gratuito.

GALERÍA NACIONAL

La galería contiene la más destacada colección de cuadros de Irlanda, incluidas obras de Rembrandt, Reynolds, El Greco y Goya. Están representadas todas las grandes escuelas europeas de pintura entre los 2.400 cuadros, 5.200 dibujos, acuarelas, miniaturas y 3.000 grabados. También se exponen vestiduras, objetos de arte y 300 esculturas. Los pintores irlandeses están muy bien representados, con obras de George Barrett, Francis Danby y James Latham entre otros.

Merrion Square West, Dublín 2 (tel.: 01-615133). Abierto: lunes a sábado, 10.00-18.00 (hasta las 21.00 los jueves); domingo, 14.00-17.00. Entrada gratuita.

BIBLIOTECA NACIONAL

Este verdadero tesoro de información sobre Irlanda tiene numerosos libros, incluidas primeras ediciones, fichas completas de revistas y periódicos irlandeses, mapas, impresos, grabados y fotografías. Se emtien "tickets" para leer libros.

Kildare Street, Dublín 2 (tel.: 01-618811). Abierto: lunes, 10.00-21.00; martes y miércoles, 14.00-21.00: jueves y viernes, 10.00-17.00; sábado, 10.00-13.00. Entrada gratuita

MUSEO NACIONAL

Inaugurado en 1890, el museo fue el resultado de la fusión de varias colecciones. Abarca las divisiones de Antigüeda-

La Galería Nacional es una casa del tesoro de obras de arte europeas e irlandesas.

des Irlandesas, Arte e Historia Natural, y contiene artefactos y obras maestras que datan desde el siglo I d. de C. hasta el siglo XVI. Entre las piezas más notables destaca el Cáliz de Ardagh, del siglo VIII, y la Cruz de Cong, del siglo XII. En la sala de música se muestran arpas irlandesas.

Kildare Street, Merrion Row y Merrion Street, Dublín 2 (tel.: 01-618811). Abierto: martes a sábado, 10.00-17.00 (desde las 10.30 el viernes); domingo, 14.00-17.00. Entrada de pago sólo para exposiciones especializadas. Entrada gratuita.

MUSEO NACIONAL DE CERA

Entre las figuras de cera de tamaño natural de personajes históricos, políticos y literarios irlandeses hay estrellas internacionales e irlandesas de los mundos del deporte y el espectáculo. Las exposiciones incluyen el Mundo Infantil de los Cuentos de Hadas y la Fantasía, el Salón de las Megaestrellas, una réplica de *La última cena*, de Da Vinci, y una Cámara de los Horrores (véase pág. 59).

Granby Row, junto a Parnell Square, Dublín 1 (tel.: 01-726340). Abierto: lunes a sábado, 10.00-17.30; domingo, 13.00-17.30. Entrada de pago.

MUSEO DE HISTORIA NATURAL

Este museo zoológico tiene una gran colección de animales salvajes vertebrados e invertebrados de Irlanda, así como mamíferos, aves, mariposas y otros insectos, peces y aves de corral de África y Asia, incluidos los esqueletos de animales prehistóricos.

Merrion Street, Dublín 2 (tel.: 01-618811). Abierto: martes a sábado, 10.00-17.00 (viernes, desde las 10.30); domingo, 14.00-17.00. Entrada gratuita.

PARQUE PHOENIX

Es uno de los parques públicos cerrados más grandes del mundo, con 710 hectáreas, y fue creado en el siglo XVIII. Su

Un delicioso paseo por el río Tolka, en los Jardines Botánicos Nacionales.

nombre (*fionn uisce*) significa «agua clara». Contiene lagos, jardines, bosques, un rebaño de ciervos y un zoo (véase pág. 27), con espacios para jugar al fútbol, el fútbol gaélico, lanzamientos, cricket y polo. En el parque también se encuentran las residencias del presidente irlandés y del embajador estadounidense, así como el cuartel general de la Garda (policía), con un pequeño museo de la policía. El centro de visitantes de Ashtown Castle muestra exposiciones interpretativas, tiene una sala audiovisual y un restaurante.

Al oeste de Heuston Station, Dublín. Abierto: permanentemente. Museo de la policía: tel.: 01-771156. Abierto: lunes a viernes, 9.00-17.00.

CENTRO POWERSCOURT TOWNHOUSE

Convertido en la década de los años ochenta en un recinto muy sofisticado y peatonal de tiendas selectas, cafés, artesanía y boutiques, estos locales, que pertenecieron a una antigua empresa textil, fueron construidos entre 1771 y 1774 como mansión urbana de la familia Powerscourt. Aquí está situada la HQ Gallery, la sala de exposición del Consejo de Artesanía de Irlanda para diseño y artesanía.

South William Street, Dublín. Abierto: diariamente, 9.00-18.00, excepto domingos y fiestas públicas. HQ Gallery (tel.: 01-6797368). Abierto: lunes, 10.00-17.00; martes a sábado, 10.00-18.00.

CANAL REAL

Es una agradable vía fluvial de más de 11 km de longitud que serpentea por el norte de Dublín. El Canal Real nunca desarrolló todo su potencial como vía de comunicación para mercancías entre el Liffey y el Shannon, porque esa tarea ya la

cumplía el Gran Canal, que cruza los barrios meridionales de la ciudad. Long John Binns, un zapatero, fundó el canal como una vía fluvial rival en 1789. Perdió dinero desde el principio, aunque el canal se mantiene hasta el presente como una atracción de ocio. Algunos todavía lo llaman el Canal del Zapatero.

HOSPITAL REAL

El Hospital Real de Kilmainham es el único edificio plenamente clásico, del siglo XVII, que sobrevive en Irlanda. Fue diseñado por William Robinson en la década de 1680, para acoger a los soldados jubilados y discapacitados. En 1922 fue oficialmente traspasado al Estado Libre de Irlanda, y posteriormente se convirtió en el cuartel general de la Garda (la policía irlandesa). En 1980 se llevaron a cabo amplias obras de restauración.

El gobierno convirtió el edificio en el Centro Nacional para la Cultura y las Artes, y su interior es uno de los más exquisitos de Dublín. Contiene el Museo Irlandés de Arte Moderno, entre cuyas obras de arte internacional se incluyen algunas de Picasso y arte irlandés del siglo XX.

En los terrenos hay dos cementerios; en uno de ellos se cree que está el cuerpo del patriota irlandés Robert Emmet, que dirigió el levantamiento de 1803 y fue ejecutado. El otro está ocupado por soldados británicos que murieron en el levantamiento de 1916, junto con jubilados del ejército.

Kilmainham Lane, Dublín 8 (tel.: 01-718666). Hospital, abierto: julio y agosto, martes a domingo, 12.00-17.00; martes a sábado, 14.00-17.00 durante el resto del año. Entrada gratuita, pero se cobra por entrar a acontecimientos especiales. Museo, abierto: martes a domingo, 11.00-18.00.

Durante más de 240 años y hasta 1927, generaciones de soldados residieron en el Hospital Real, en Kilmainham.

James Joyce

James Joyce, uno de los más grandes escritores de Irlanda, pasó la mayor parte de su vida fuera del país, pero sólo escribió sobre Dublín y sus habitantes. Conocía la ciudad tan bien y la describió tan minuciosamente en sus obras, que se ha llegado a afirmar que si Dublín quedara totalmente destruida, se podría utilizar su novela *Ulises* como plano para reconstruirla.

Nacido en 1882 en el número 41 de Brighton Square, en Rathgar, a 5 km del centro de la ciudad, Joyce vivió en más de otras 20 direcciones antes de abandonar Dublín a la edad de 22 años. Después, escribió sobre la ciudad mientras viajaba por el extranjero.

Entre 1893 y 1898 asistió al Belvedere College, en Great Denmark Street, antes de estudiar en el University College de Dublín. En el número 35 de North Great George's Street está el recientemente inaugurado Centro Cultural James Joyce, cuya biblioteca y archivos atraen a numerosos estudiantes del escritor y su obra.

El 16 de junio de cada año, día en que tiene lugar toda la acción de *Ulises*, y que se ha dado en llamar Bloomsday, se organizan acontecimientos especiales en la ciudad y en el Ormond Hotel, en Upper Ormond Quay, un lugar de encuentro para Leopold Bloom, el personaje principal de la obra.

Estatua de bronce de Joyce, en honor de su famosa novela Ulises.

A corta distancia del extremo oriental de Railway Street está la estación Connolly, del sistema DART, desde donde los entusiastas de Joyce toman un tren que se detiene en la estación Pearse, al sur del Liffey. Frente a la estación está Westland Row, al final de la cual se encuentra la farmacia de Sweny, que se conserva tal como se describe en *Ulises*.

Sandymount Strand, una extensión de 5 km de playa entre Ringsend y Booterstown, es otro escenario de *Ulises* y fue uno de los lugares favoritos de Joyce y su esposa, Nora Barnacle. La torre Martello, que está en Dun Laoghaire, se describe en el primer capítulo de *Ulises*, y ha sido convertida ahora en museo de Joyce (véase pág. 44).

IRLANDA LITERARIA

Ningún otro pequeño país ha producido tantos nombres grandes en el mundo de la literatura como Irlanda, nombres que el visitante se encuentra en cada una de las antiguas provincias.

Dublín tiene tantas asociaciones con la literatura que en 1991 se inauguró el Museo de los Escritores, en el 18-19 Parnell Square North (véase pág. 26).

Los amantes de James Joyce pueden seguir los pasos de Leopold Bloom, su personaje de *Ulises*, a través de las calles de Dublín y visitar la torre Martello en Sandycove, donde el autor vivió durante corto tiempo. De joven, el dramaturgo George Bernard Shaw vivió con su familia en Torca Cottage, a medio camino de la cercana Dalkey Hill.

Jonathan Swift, autor de *Los viajes de Gulliver*, está enterrado en la catedral de San Patricio, en Dublín, donde sirvió como deán desde 1713 a 1745. Swift asistió al Kilkenny College, donde también estudiaron los dramaturgos William Congreve y George Farquhar.

Edith Somerville y Violet Martin Ross, autores del hilarante *Experiencias de un RM irlandés*, vivió en Castletownshend, cerca de Skibbereen, Co Cork. Ambos están enterrados en el cementerio de la iglesia de St. Barrahane.

El sendero de Yeats, a través de Sligo y Leitrim, es una visita señalizada de 160 km que pasa por los lugares inmortalizados por el poeta W. B. Yeats y su hermano artista Jack.

En el Ulster también hubo grandes nombres. Oscar Wilde y Samuel Beckett fueron alumnos de la escuela real Portora, en Enniskillen. Louis MacNeice creció en Carrickfergus, desde donde se dominaba el Belfast Lough, y C. S.

Izquierda y abajo: Placas conmemorativas a James Joyce y a la familia Somerville, en Castletownshend.

Izquierda y abajo: El Museo de los escritores de Dublín. Abajo, izquierda: Busto de Jonathan Swift en San Patricio, Dublín.

Lewis fue un hombre de Belfast. Pero la provincia es más conocida ahora por sus escritores contemporáneos, como Benedict Kelly, John Montague y Seamus Heaney.

La literatura irlandesa se inicia aproximadamente en el 600 d. de C. Estuvo expuesta a las influencias europeas a través de escritores como Pádraic Pearse (1879-1916) y Pádraic Ó. Conaire (1883-1928). Entre otros destacados escritores en irlandés estuvieron Liam O. Flaitheartaigh (O'Flaherty) y Brendan Behan.

JARDÍN DE ROSAS DEL PARQUE DE ST. ANNE

Estos jardines, de visita obligada para el especialista en rosas, situados en el centro del parque público de la Corporación de Dublín, fueron creados en conjunción con la Sociedad Hortícola Clontarf. En verano florecen más de 100 variedades numeradas y catalogadas de flores, rosas de té, antiguos rosales y miniaturas.

Clontarf, Dublín 3 (junto a Howth Road). Se disponen visitas guiadas mediante acuerdo con el departamento de Parques (tel.: 01-331941), o con la Sociedad Hortícola Clontarf (tel.: 01-721076). Abierto permanentemente.

IGLESIA DE ST. AUDOEN
(Iglesia de Irlanda, anglicana)

Es una de las iglesias más antiguas de Dublín, cerca de un tramo conservado del muro de la ciudad y, a excepción de buena parte de la techumbre, St. Audoen data de fechas comprendidas entre 650 y 1169. En este lugar estuvo la iglesia previkinga de St. Columcille. La torre contiene tres campanas fundidas en 1423, que se dice son las más antiguas de Irlanda. En el pórtico hay una antigua lápida cristiana, conocida como la «Piedra de la suerte», que se ha conservado en la iglesia desde antes de 1309.

High Street, Dublín 8.

IGLESIA DE ST. AUDOEN
(católico-romana)

Al lado de la iglesia de St. Audoen, de la Iglesia de Irlanda, está la iglesia católico-romana del mismo nombre, que data de la década de 1840. Allí se muestra «La llama en la colina», un programa audiovisual que narra la historia del cristianismo en Irlanda.

High Street, Dublín 8. Abierto: diariamente, 10.00-16.30. Entrada de pago.

IGLESIA DE ST. MICHAN

La iglesia danesa original, de 1095, fue casi completamente reconstruida en la década de 1680, y restaurada en el siglo XIX. El órgano del siglo XVIII de esta iglesia anglicana, exquisitamente tallado, se cree que fue tocado por Handel mientras componía *El Mesías*, en el mismo año en que dio su primer concierto público en la nueva sala de conciertos de Neale, en Fishamble Street. La principal «atracción» de St. Michan es probablemente una torre de criptas donde se ven una serie de cadáveres extraordinariamente bien conservados, algunos de ellos del siglo XVII (véase pág. 59).

Lower Church Street, Dublín 8 (tel.: 01-724154). Abierto: lunes a viernes, 10.00-12.45; 14.00-16.45; sábado, 10.00-12.45. Se aceptan donativos.

Detallada talla en madera del órgano de St. Michan, que data aproximadamente de 1725.

CATEDRAL DE SAN PATRICIO

Se dice que san Patricio bautizó a conversos a la fe cristiana en un pozo que existió junto a la actual catedral nacional de la Iglesia de Irlanda. Debido a la sagrada asociación con san Patricio, en este lugar ha existido una iglesia que data del siglo v. En el año 1190 se construyó en el lugar una iglesia normanda, cuya reconstrucción se realizó en la primera mitad del siglo XIII, dando lugar al magnífico edificio que existe en la actualidad.

Jonathan Swift, deán de San Patricio durante más de 30 años, está enterrado en la nave de este edificio y hay un busto hecho en mármol de él en el ala sur (véase pág. 57).

Patrick Street, Dublín 8 (tel.: 01-754817). Abierto: lunes a viernes, 8.30-18.15; sábado, 8.30-17.00 (hasta las 16.00 de noviembre a marzo); domingo, 10.00-16.30. Entrada de pago.

Arriba: La catedral de San Patricio fue ampliamente restaurada en la década de 1860.

Izquierda: Marmoleo de papel, una de las numerosas actividades artesanales de la Torre del Diseño.

TORRE DEL GREMIO DEL DISEÑO

Entre las actividades artesanales que se pueden contemplar aquí están el arte heráldico, pintura sobre seda, talla de madera, ingeniería del peltre, grabado al aguafuerte, cerámica y diseño de tejidos. Una tienda vende una gama de productos de artesanía.

IDA Enterprise Centre, Pearse Street, Dublín 2 (tel.: 01-775655). Abierto: lunes a viernes, 8.30-17.30; algunas unidades cierran de 13.00 a 14.00. Tienda: lunes a viernes, 10.00-17.00. Entrada gratuita.

CENTRO DE VISITANTES DE WATERWAYS

Este fascinante centro informativo interpreta, mediante la exposición de material y programas audiovisuales, el papel histórico de las vías fluviales navegables de Irlanda a lo largo del tiempo y su desarrollo hasta convertirse en un valioso servicio público.

Grand Canal Basin, Ringsend, Dublín (tel.: 01-613111). Abierto diariamente. 9.30-18.00. Entrada de pago.

Trinity College

La Trinity, una de las tres universidades de Dublín, está situada en el ajetreado College Green, en el corazón de la ciudad. Fue construida donde estuvo el priorato agustiniano de Todos los Santos. Más allá de la gran puerta arqueada, con las estatuas de dos famosos graduados, Oliver Goldsmith y Edmund Burke, se extiende una zona espaciosa de prados, plazas empedradas y jardines rodeados por edificios de diversos estilos y períodos arquitectónicos. La parte más antigua de la universidad es el Rubrics, una hilera de edificios de ladrillo rojo que datan de 1700.

En el año 1592, la reina Isabel I fundó Trinity College como la única facultad que perteneciera a la Universidad de Dublín, así como sede del aprendizaje y el establecimiento de la «verdadera religión» en el reino. Esa religión era para la reina Isabel el protestantismo y a los católicos se les prohibió durante siglos el acceso al Trinity.

En la actualidad, el Trinity College cuenta con unos 8.000 estudiantes que si-guen los pasos de gigantes literarios tan ilustres como Jonathan Swift, Samuel Beckett, Oscar Wilde y Bram Stoker. Las mujeres fueron admitidas a partir de 1903.

El alto campanario situado cerca del centro de la Library Square fue erigido en 1852. Más allá, protegida por graciosos arces y viejas farolas, se levanta la famosa

Escultura situada enfrente a la biblioteca del Trinity.

El 17 de marzo, día de San Patricio, se celebra con desfiles llenos de estilo en Dublín.

biblioteca, en cuyo Long Room se conservan muchos volúmenes antiguos, incluido el más antiguo de todos, el *Libro de Kells*.

El Long Room merece una visita, con su techo de bóveda de cañón, sus altas estanterías de libros encuadernados en cuero, a muchos de los cuales sólo se accede por una estrecha escalera (pero no para el público). En conjunto, el Trinity cuenta con más de dos millones y medio de libros.

A la derecha de la entrada a la universidad está el Examination Hall, un antiguo teatro. Sus macizas puertas ennegrecidas tuvieron que haber inspirado terror en el corazón de más de un candidato. El salón se usa a veces para conciertos. Lo mismo que la capilla situada enfrente, compartida

SAN PATRICIO

El 17 de marzo, día de San Patricio, se caracteriza en Irlanda, Estados Unidos y otras partes del mundo por desfiles y alegres multitudes. Pero el espíritu de carnaval es un fenómeno bastante reciente, evolucionado sobre todo en América del Norte. El día de San Patricio fue en otros tiempos una fiesta bastante sombría en Irlanda, con los pubs cerrados y desfiles de grandes carrozas, más en consonancia con el celo del santo y de sus contemporáneos.

Nacido en el oeste de la Britania romana hacia el 389 d. de C., Patricio llevó una vida inquieta. De muchacho fue capturado por piratas irlandeses y llevado a Co Antrim, donde fue vendido como esclavo. Escapó al cabo de seis años, se formó como misionero y regresó a Irlanda 37 años más tarde. Dedicó el resto de su vida (y algunas fuentes dicen que vivió hasta los 104 años) a desafiar a los druidas y convertir al cristianismo a los reyes de Irlanda. Hasta finales del siglo XVII, los irlandeses nunca usaron el nombre de Patricio por respeto. Ahora, uno de cada cuatro hombres se llama así.

EL LIBRO DE KELLS

El *Libro de Kells* es una versión ricamente coloreada y minuciosamente detallada de los Evangelios, escrita en latín sobre pergamino. Este vasto libro, que originalmente sólo fue un volumen, es considerado ahora como uno de los más exquisitos manuscritos miniados del mundo, y fue dividido en cuatro cuando se hicieron reparaciones en la década de 1950. Los visitantes pueden visitar de cerca dos de ellos, abiertos por páginas intrincadamente decoradas, pero prepárese para guardar cola.

por todas las confesiones cristianas, tiene un techo de bóveda de cañón y un notable enlucido. Cerca de la capilla está el comedor de la universidad, que a veces se utiliza como sala de exámenes.

Si el Trinity le parece familiar, quizá lo reconozca por las escenas rodadas en el campus para la película *Educando a Rita*, de 1983.

College Green, Dublín 2 (tel.: 01-772941). Terrenos, abiertos: diariamente, 8.00-22.00. Entrada gratuita. Biblioteca, abierta: lunes a viernes, 9.30-16.45; sábado, 9.30-12.45. Entrada de pago, excepto para estudiantes menores de 18 años.

Exquisitas plantas y vistas desde los jardines Fernhill, famosos por sus camelias y rododendros.

CO DUBLÍN

PARQUE BEECH

El parque Beech es una colección única de plantas herbáceas y alpinas, algunas muy raras, que crecen en el viejo jardín amurallado de una casa estilo regencia, y que incluye plantas selváticas, margaritas de Nueva Zelanda y un invernadero georgiano que se usa para la propagación.

Clonsilla (tel.: 01-212216). Abierto: marzo a finales de octubre, primera semana de cada mes, 14.00-18.00; julio y agosto, primer domingo y fiestas públicas. Entrada de pago.

CASINO

A unos 5 km al norte de Dublín, junto a la Malahide Road, se levanta esta antigua casa de verano del siglo XVIII, que no es un casino de juego, de estilo palladiano. Las columnas, los leones de piedra y las balaustradas ofrecen una generosa ornamentación, mientras que en el interior se encuentran elaborados techos enlucidos. Construido para el primer conde de Charlemont, el casino fue restaurado a principios de la década de 1980.

Malahide Road, Marino (tel.: 01-331618). Abierto: junio a septiembre, diariamente, 10.00-18.30. Entrada de pago.

CASTILLO DRIMNAGH

En la parte sudoccidental de las afueras de Dublín, Drimnagh es el único castillo irlandés que conserva un foso, donde viven hasta 20 especies de aves de corral. Tiene un gran salón restaurado, una torre almenada con puestos de vigilancia, establos, cochera, torre de esparcimiento y jardines trazados en un estilo formal del siglo XVII.

Longanile Road, Dublín 12 (tel.: 01-535984). Abierto: mediados de abril a octubre, miércoles, sábado y domingo, 10.00-17.00. Entrada de pago.

JARDINES FERNHILL

Estos jardines que ocupan 100 hectáreas de extensión, de propiedad privada, son famosos por sus camelias, rododendros, magnolias y azaleas. También hay una exquisita colección de árboles de más de 200 años de antigüedad, un prado lleno de flores silvestres y un jardín victoriano.

Sandyford (tel.: 01-2956000). Abierto: marzo a noviembre, martes, sábado y fiestas públicas, 11.00-17.00; domingo, 14.00-18.00. Entrada de pago.

TRENES EN MINIATURA

Este museo muestra no sólo modelos a escala de trenes irlandeses que datan desde 1832 hasta el moderno sistema DART de Dublín, sino también un intrigante trazado del río Liffey, la colina de Howth y otros paisajes locales.

Malahide Castle, Malahide (tel.: 01-8452337). Abierto: lunes a viernes, 10.00-17.00; sábado, 11.00-18.00; domingo, 14.00-18.00. Entrada de pago.

JARDINES DEL CASTILLO HOWTH

Es mejor visitar los jardines en mayo y principios de junio; están situados junto al Hotel Deerpark y el campo de golf, se iniciaron en 1854 y son famosos por sus rododendros, de los que hay varios miles. En la propiedad están las ruinas del castillo Corr, del siglo XVI, y un dolmen neolítico conocido como tumba de Aideen. La parte más antigua del castillo Howth data del año 1464, pero desde entonces ha sido alterada en cada siglo. El castillo está cerrado al público, pero la entrada al jardín es gratuita.

Howth Castle, Howth (tel.: 01-322624). Abierto: diariamente, 8.00-puesta de sol.

ALREDEDORES DE DUBLÍN

MUSEO DE TRANSPORTE DE HOWTH

Este pequeño museo expone antiguas bombas contra incendios, camiones, tractores y otros vehículos. Entre las mejores piezas hay el tren núm. 9 de la colina de Howth y el tranvía a la Calzada de los Gigantes.

Howth Castle, Howth (tel.: 01-8475623/ 8480831). Abierto: sábado, domingo y fiestas, 14.00-18.00. Entrada de pago.

Una de las piezas extraordinariamente bien restauradas que se exhiben en el Museo del Transporte de Howth.

TORRE Y MUSEO JAMES JOYCE

La torre Martello, donde Joyce pasó unas pocas semanas en 1904, como invitado de Oliver St. John Gogarty, se describe en su novela *Ulises*, con Gogarty en el papel de Buck Mulligan. Construida en el año 1804, la torre contiene una selección de objetos personales de Joyce, el piano y la guitarra que tocaba, una caja de puros, un bastón, manuscritos y una máscara mortuoria del autor, hecha el 13 de enero de 1941.

Sandycove, Dun Laoghaire (tel.: 01-2809265/2808571). Abierto: abril a octubre, lunes a sábado, 10.00-13.00, 14.00-17.00; domingo, 14.30-18.00. Mediante cita en invierno. Entrada de pago.

CASTILLO MALAHIDE

La familia Talbot vivió continuamente aquí entre 1185 y 1976, a excepción de un pequeño período en que Cromwell la desterró; la propiedad fue adquirida en 1976 por el Consejo del Condado de Dublín. El gran salón, con una galería de juglares, contiene muchos retratos, mientras que el Salón de Roble y dos salas de estar contienen muebles de los siglos XVII al XIX. El castillo cuenta con una tienda de antigüedades y hay zonas de picnic en los terrenos.

Malahide (tel.: 01-8452655). Abierto: todo el año, lunes a viernes, 10.00-12.45; 14.00-17.00; de abril a octubre, sábado, 11.00-18.00; domingo y fiestas públicas, 14.00-18.00; de noviembre a marzo, sábado, domingo y fiestas públicas, 14.00-17.00. Entrada de pago.

MUSEO MARÍTIMO NACIONAL DE IRLANDA

Situado en el 1837 de Mariners' Church, este museo expone, entre sus numerosas piezas, una chalupa francesa de 11 metros capturada en la bahía de Bantry en 1796, y una notable colección de modelos de barcos.

Haigh Terrace, Dun Laoghaire (tel.: 01-2800969). Abierto: mayo a septiembre, diariamente, 14.30-17.30. Cerrado: lunes, excepto fiestas públicas. Entrada de pago.

CASA NEWBRIDGE

Esta casa georgiana, construida en 1737 para la familia Cobbe, es actualmente propiedad del Consejo del Condado de Dublín. En la sala de estar abundan los cuadros y las vitrinas exponen toda clase de curiosidades antiguas, traídas por la familia Cobbe durante el transcurso de sus viajes por todo el mundo. La plaza empedrada ha sido restaurada y abierta como granja y museo de la vida rural del siglo XVIII. También hay un aviario y un museo de muñecas.

Donabate (tel.: 01-8436534/5). Abierto: de abril a octubre, martes a viernes,

10.00-13.00, 14.00-17.00; sábado, 11.00-18.00; domingo y fiestas públicas, 14.00-18.00; noviembre a marzo, sábado, domingo y fiestas públicas, 14.00-17.00. Entrada de pago.

CO LOUTH

BATALLA DEL BOYNE

En los límites entre los condados de Louth y Meath, un gran cartel naranja y verde marca el lugar donde en 1690 se enzarzaron en batalla los ejércitos de Guillermo de Orange y Jacobo II. También aparecen marcados los campamentos de cada ejército y el lugar por donde se cruzó el río. En el lugar se encuentra una hoja informativa que indica el sendero a seguir.

A 7 km al oeste de Drogheda. Acceso libre.

ABADÍA MELLIFONT

Poco queda del primer monasterio cisterciense irlandés, fundado en 1142, aunque aún se mantiene una casa-pórtico cuadrada, junto con las ruinas del claustro, un refectorio octogonal de dos pisos y una casa capitular del siglo XIII.

A 10 km al oeste de Drogheda, señalizada en carreteras no clasificadas. Acceso libre.

MUSEO MILLMOUNT

Los edificios de estos cuarteles del siglo XVIII contienen ahora antiguas reliquias del pasado de Drogheda, incluidos estandartes pintados de los viejos gremios comerciales, artefactos hogareños y fabriles, y una barquilla de forma circular y hecha de cuero.

Drogheda (tel.: 041-36391). Abierto: de mayo a octubre, diariamente, 15.00-18.00; de noviembre a abril, miércoles y domingo, 15.00-18.00. Entrada gratuita.

DOLMEN PROLEEK

Esta enorme estructura de piedra en forma de hongo, de 5.000 años de antigüedad, tiene una cubierta que pesa 46 toneladas. Cerca hay una tumba de galería en forma de cuña de la edad de Bronce.
Ballymascalon, a 7 km al noreste de Dundalk. Entrada gratuita

El castillo de Malahide, del siglo XII.

CO MEATH
VALLE DEL BOYNE
PARQUE ARQUEOLÓGICO

El parque arqueológico del valle del Boyne abarca más de 40 monumentos que van desde las enormes tumbas megalíticas de Newgrange, Knowth y Dowth, hasta una variedad de piedras erguidas y túmulos. Newgrange, uno de los yacimientos arqueológicos de la Edad de Piedra más importantes de Europa, está abierto al público, pero a menudo hay colas para las visitas guiadas. La tumba de pasillo de Newgrange, de más de 4.000 años de antigüedad y anterior a las Pirámides de Egipto, ofrece una vista extraordinaria. El túmulo sobre la tumba, construido de guijarros suavizados por el agua, se eleva hasta una altura de 11 m, y está rodeado por un círculo incompleto de piedras. El pasillo aparece alineado con piedras enormes y en el interior se observa una misteriosa «obra de arte», en forma de símbolos geométricos y espirales. Una caja de techo incorporada en la estructura permite la penetración de los rayos de sol por una estrecha rendija e inunda la cámara de luz, pero sólo brevemente, una vez al año, en el solsticio de invierno. Este fenómeno se reproduce artificialmente en beneficio de los visitantes. En el lugar hay un centro interpretativo y una tienda.

A 11 km al sudoeste de Drogheda (tel.: 041-4488). Abierto: de junio a mediados de septiembre, diariamente, 10.00-19.00; de mediados de marzo a mayo, y de mediados de septiembre a octubre, diariamente, 10.00-13.00, 14.00-17.00; de noviembre a mediados de marzo, martes a domingo, 10.00-13.00, 14.00-16.30. Entrada de pago.

COLINA DE TARA

Famosa por ser la sede de los reyes supremos de Irlanda y un importante yacimiento desde la Edad de Piedra, cuando se construyó una tumba de pasillo, Tara fue un gran centro político y religioso en los primeros tiempos cristianos. Desde aquí se dominan unas vistas majestuosas sobre las llanuras de Meath. El lugar fue abandonado en 1022 y ahora está compuesto por túmulos cubiertos de hierba, terraplenes y amplias zanjas. En el interior del Túmulo de los Rehenes, una tumba de pasillo que data del 2000 a. de C., se encontró el esqueleto de un muchacho que llevaba un collar de bronce, ámbar y azabache.

Tara, a 13 km al sur de Navan (tel.: 046-25903). Abierto: a diario todo el año. Llame por teléfono y compruebe los horarios de las visitas guiadas. Entrada gratuita.

KELLS

Monjes procedentes de Iona, Escocia, se refugiaron en un monasterio que había aquí antes de ser expulsados por los daneses. Dedicaron su tiempo a escribir el *Libro de Kells*, trasladado por motivos de seguridad al Trinity College durante las guerras de Cromwell, donde todavía se conserva (véase pág. 41). Se guarda una copia en la Iglesia de Irlanda (de St. Columba), en Kells.

Kells, a 16 km al noroeste de Navan.

Cementerio, iglesia de St. Columba, en Kells.

La destilería Locke, que ya no produce su famoso whiskey, es ahora un museo.

NEWGRANGE

Véase Parque Arqueológico del valle de Boyne.

SLANE HILL

Según afirma la tradición, fue en este lugar donde san Patricio proclamó en el 433 la llegada del cristianismo. Si hace buen tiempo, desde la colina se domina una vista espléndida de todo el valle del Boyne.

A 13 km al oeste de Drogheda.

CO WESTMEATH
CASTILLO DE ATHLONE

El castillo anglonormando fue un puesto militar desde que se levantó en el siglo XIII hasta 1969, cuando fue declarado monumento nacional controlado por la Oficina de Obras Públicas. En 1991, para conmemorar el tricentenario del asedio de Athlone se inauguró el centro de visitantes, con su museo y su exposición visual. Hay un museo militar en el torreón, con reliquias de la ciudad y de la historia del distrito.

Centro de la ciudad de Athlone, en la orilla occidental del río Shannon (tel.: 0902-92912, y 72107 de noviembre a marzo). Abierto: 1 de abril a 21 de octubre, lunes a sábado, 10.00-18.00; domingo, 12.00-18.00. De noviembre a marzo mediante cita concertada. Entrada de pago.

DESTILERÍA DE LOCKE

Fundada en 1757 y operativa hasta 1953, esta destilería, en el río Brosna, ha sido restaurada como museo industrial y centro artesanal, con un café y una tienda de antigüedades.

Kilbeggan, en la carretera de Dublín a Galway (N6) (tel.: 0506-32115). Abierto: de abril a octubre, lunes a viernes, 10.00-18.00. Entrada de pago.

Irlanda tiene un paisaje de fantasía. Cada escena parece llevar un signo de exclamación de la historia, ya sea en la montaña, la orilla del río o la costa rocosa, en forma de torre redondeada o castillo arruinado.

Si cierra los ojos no le será difícil conjurar figuras del pasado: monjes encapuchados corriendo por los páramos y subiendo las escaleras para defenderse contra otra banda de vikingos; juglares interpretando música en los festines de damas y señores; siluetas que pasan fugazmente entre las llamas mientras se cometen actos oscuros.

TORRES

Las aproximadamente 70 torres redondas en forma de lápiz, únicas de Irlanda, que sobreviven por todo el país datan principalmente del siglo IX. Construidas cerca de lugares eclesiásticos y especialmente de monasterios, servían como campanarios, almacenes y torres vigía.

Con alturas que varían entre los 15 y los 45 metros, y habitualmente en forma de cono truncado, las torres tenían una puerta situada a distancia suficiente del suelo como para exigir una escalera para subir. Esa escalera se retiraba en caso de ataque. La mayoría de ellas tenían una serie de pisos a los que se llegaba por escaleras de mano y trampillas, aunque algunas tuvieron escalera de piedra, probablemente usadas sólo como torres vigía. Entre las mejor conservadas están las de Ardmore, Co Waterford; Cashel, Co Tipperary; Cloyne, Co Cork; isla Devenish, Co Fermanagh; Glendalough, Co Wicklow; y Monasterboice, Co Louth.

TORRES Y CASTILLOS

CASTILLOS

Los primeros castillos de piedra (los más antiguos fueron construcciones de madera) fueron construidos por colonos normandos entre 1190 y 1215. Los más grandes fueron los de Dublín, Kilkenny y Limerick.

Muchos de los castillos de Irlanda datan de la explosión constructora que se extendió en el siglo XV entre familias tan influyentes como los MacCarthy (Blarney, Co Cork), los MacConmara (Bunratty, Co Clare) y los MacNamara (Knappogue, Co Clare). Bunratty y Knappogue son ahora los más conocidos por celebrarse en ellos banquetes medievales.

Arriba izquierda: La torre redonda de la catedral de Kildare, del siglo X. Arriba: El castillo de Kilkenny, una mezcla de estilos gótico y clásico.

Izquierda: El castillo de Carrickfergus fue construido en su promontorio rocoso por John de Courcy, a finales del siglo XII.

CO LONGFORD

CARRIGGLAS MANOR

Construida en 1857, esta exquisita casa campestre victoriana, hogar de la familia Lefroy, contiene una colección de trajes, así como muebles originales. Los establos fueron diseñados por James Gandon, que también fue responsable de la magnífica Custom House, en Dublín.

A 8 km de Longford, en la N55 (tel.: 043-45165). Abierto: mediados de junio a mediados de septiembre, jueves a sábado, 12.30-17.00; domingo, 14.30-18.00.

CO OFFALY

CASTILLO DE BIRR

Hogar de los condes de Rosse, el castillo no está abierto al público, aunque sí lo están los hermosos jardines que ocupan 40 hectáreas, donde crecen plantas traídas de partes remotas del mundo. Los jardines son famosos por el seto de boj más alto del mundo (10 m) y por la exposición permanente del telescopio Rosse, construido según diseño del tercer conde en 1845, el más grande del mundo cuando se construyó, a mediados del siglo xix.

Birr, al sur de Offaly (tel.: 0509-20056). Abierto: diariamente, 9.00-13.00, 14.00-18.00 (antes si anochece). Entrada de pago.

El castillo de Birr, una impresionante casa señorial fortificada, con amplios terrenos.

VISITA AL PANTANO

Organizada por Bord Na Móna (Consejo Irlandés de la Turba), es una visita de 8 km por el Blackwater Bog a bordo de un tren del Clonmacnois y el West Offaly Railway. Los visitantes reciben información sobre el desarrollo del año 12.000 que transformó el boj de glaciar en lago, luego en pantano y finalmente en ciénaga.

Blackwater Works, Shannonbridge (tel.: 0905-74114). Abierto: de abril a octubre, de lunes a sábado, 10.00-17.00 (visitas cada hora); domingo, 12.00-17.00. Resto del año mediante cita. Entrada de pago.

CLONMACNOIS

Uno de los lugares más sagrados de Irlanda y antiguo lugar de enterramiento de los reyes de Connacht y Tara, este asentamiento monástico, fundado por san Ciaran en el 545, contiene dos torres redondeadas, los restos de una catedral, una iglesia en ruinas, cruces altas, un castillo del siglo xiii y más de 200 lápidas de tumbas. La capilla de las Monjas y la Cruz de las Escrituras, del siglo x, son particularmente notables por la calidad de la construcción.

Shannonbridge (tel.: 0905-74195). Abierto: de mediados de junio a septiembre, diariamente, 9.00-19.00; de octubre a mayo, diariamente, 10.00-18.00. Entrada de pago.

CO KILDARE
CASTLETOWN HOUSE

La primera y más importante mansión palladiana de Irlanda fue construida en la década de 1720 por William Conolly. Su elegante interior incluye exquisitos ejemplos de muebles del siglo XVIII y extraordinarios trabajos de enlucido de los hermanos Francini.

Celbridge (tel.: 01-6288252). Abierto: de abril a octubre, lunes a viernes, 10.00-18.00; sábado, 11.00-18.00; domingo y fiestas públicas, 14.00-18.00; noviembre a marzo, fines de semana y fiestas públicas, 14.00-17.00. Entrada de pago.

JARDINES JAPONESES

Estos excelentes jardines en el Irish National Stud fueron diseñados en 1906 para lord Wavertree. Considerados por muchos como los más exquisitos de Europa, su diseño retrata simbólicamente la vida del hombre, desde la cuna hasta la tumba.

Tully, a 1,6 km al sur de la ciudad de Kildare (tel.: 045-21617). Abierto: desde el domingo de Pascua hasta finales de octubre, lunes a sábado, 10.30-17.00; domingo, 14.00-18.00. Entrada de pago.

MUSEO DEL VAPOR

La colección de ferrocarriles en miniatura representa el desarrollo de la locomotora en Irlanda desde el siglo XVIII. Se muestran locomotoras a vapor de tamaño natural.

Lodge Park, Straffan (tel.: 01-6273155). Abierto: de mediados de junio a finales de agosto, diariamente, 11.30-17.30 (última entrada a las 16.30); domingo y fiestas públicas en todo el año. Cerrado: de Navidad a Año Nuevo. Entrada de pago.

Los Jardines Japoneses, trazados por el jardinero japonés Eida y su hijo Minoru.

CO LAOIS
EMO COURT Y JARDINES

Esta exquisita mansión, que posiblemente sea la principal atracción del condado, fue diseñada por James Gandon, arquitecto de la Custom House de Dublín. Su gran rotonda está iluminada por un tragaluz situado en la bóveda. Los jardines contienen exquisitas estatuas, árboles raros, un lago imponente, arbustos y avenidas de tejos.

Emo (tel.: 0502-26110). Casa abierta: desde mediados de marzo a mediados de octubre, lunes, 14.00-18.00; jardines, diariamente, 10.30-17.30. Entrada de pago.

MUSEO DEL VAPOR Y MAQUINARIA COSECHADORA

Durante los rallies de vehículos de tracción a motor funcionan máquinas y apisonadoras de vapor, con trayectos en carruajes tirados por locomotoras de la Irish Peat Board, y exposiciones del progreso del vapor en Irlanda.

Irish Steam Preservation Society, The Green, Stradbally (tel.: 0502-25444). Abierto: para rallies.

WINDY GAP

La carretera de Carlow a Stradbally (N8) pasa por Windy Gap, uno de los trayectos paisajísticos más famosos de Irlanda. Deténgase en el aparcamiento de Windy Gap para echar un buen vistazo al valle de Barrow, con sus amplias vistas sobre el paisaje que lo rodea.

CO CARLOW
JARDINES ALTAMOUNT

Estos exquisitos jardines se crearon en 1850, con un estanque de lirios, arboretum y un jardín de boj.

Junto a la N81, entre Tullow y Bunclody (tel.: 0503-59128). Abierto: domingo de Pascua y cada domingo y fiesta pública hasta finales de octubre, 14.00-18.00. Entrada de pago.

Ruinas en el pequeño pueblo de Avoca.

DOLMEN DE LA COLINA BROWNE

Este impresionante dolmen, que data del 2000 a. de C., tiene la piedra plana de cierre más grande de Irlanda, con un peso calculado en más de 101 toneladas. El extremo frontal está sostenido por tres piedras erguidas, mientras que el del fondo se ha derrumbado y descansa sobre el suelo.

En la R725, a unos tres km al noreste de la ciudad de Carlow, hacia Tullow. Accesible gratuitamente.

CASTILLO DE CARLOW

El arruinado castillo de Carlow, del siglo XIII, ha sido testigo de derramamiento de sangre a lo largo de su turbulenta historia. Sobrevivió a las fuerzas de Cromwell en el siglo XVII, pero quedó gravemente dañado 150 años más tarde durante los intentos por reducir con explosivos el espesor de sus murallas. El castillo, de propiedad privada, se halla en la orilla oriental del río Barrow, en la ciudad de Carlow, y en la fábrica de agua mineral de Corcoran se puede obtener permiso para verlo más de cerca.

0404 46930 tlf

CO WICKLOW
AVOCA

El pequeño pueblo de Avoca se halla situado en el pintoresco valle de su mismo nombre, donde confluyen los ríos Avonbeg y Avonmore, que inspiró a Thomas Moore a escribir su famoso poema *El encuentro de las aguas*, en 1807. Avoca Handweavers, los telares a mano más antiguos de Irlanda, siguen produciendo textiles al estilo tradicional y dan la bienvenida a los visitantes.

A 4 km al sur de Avondale. Telares a mano (tel.: 0402-35105, para comprobar horarios de apertura).

AVONDALE HOUSE

Avondale es el hogar restaurado del líder nacionalista Charles Stewart Parnell (1846-1891). Parte de la casa está dedicada a un museo. Se puede seguir un sendero boscoso a lo largo del río Avonmore.

Rathdrum (tel.: 0404-46111). Abierto: desde Pascua a finales de septiembre, lunes a sábado, 11.00-18.00; domingo, 13.00-18.00. Entrada de pago para la casa.

GLENDALOUGH

En Glendalough se instaló el asentamiento cristiano antiguo más importante de Irlanda, fundado por St. Kevin en el siglo VI. Creció hasta convertirse en un centro de enseñanza y su fama se extendió por toda Europa. Entre las ruinas se encuentra una torre redonda, una iglesia con decoración románica irlandesa, un oratorio (la cocina de san Kevin), y una catedral del siglo X. La Oficina de Obras Públicas dirige un centro interpretativo en este lugar.

A 16 km al oeste de Wicklow (tel.: 0404-45351/2). Abierto: diariamente, 10.00 (cerrado los lunes desde noviembre a mediados de marzo). El horario de cierre varía desde las 16.30 en invierno, hasta las 19.00 de mediados de junio a mediados de septiembre. Entrada de pago.

JARDINES MOUNT USHER

Mount Usher es uno de los más exquisitos ejemplos de «jardín silvestre», plantado a lo largo de las orillas del río Vartry. Trazados en 1868, contiene árboles raros, arbustos y flores de todo el mundo, incluidas 70 especies de eucaliptus.

Ashford, en la carretera principal Dublín/Wicklow (tel.: 0404-40116). Abierto: de mediados de marzo a finales de octubre, lunes a sábado, 10.30-18.00; domingo, 11.00-18.00. Entrada de pago.

Los jardines de Mount Usher se extienden a lo largo de las orillas de su tortuosa corriente.

JARDINES POWERSCOURT

El bloque principal de esta casa de estilo palladiano fue destruida por el fuego en 1974. Pero aún quedan los jardines, que se cuentan entre los mejores de Europa, incluyen las secciones inglesa, italiana y japonesa y en los que abundan las esculturas, una fuente y terrazas, macizos formales de flores y altas coníferas. A unos 5 km de distancia están las espectaculares cascadas Powerscourt que, con sus 120 m, son las más altas de Irlanda.

Enniskerry, cerca de Bray (tel.: 01-2877676). Abierto: 1 de marzo a 31 de octubre, diariamente, 9.00-17.30; la cascada está abierta todo el año. Entrada de pago.

Powerscourt, uno de los más grandes jardines de Irlanda, donde también se encuentran detalles ornamentales.

CASA RUSSBOROUGH

Esta mansión de mediados del siglo XVIII, con sus suntuosos enlucidos, conserva la colección de arte Beit, que incluye obras de Gainsborough, Murillo y Velázquez. El jardín de rododendros permanece abierto hasta tarde en primavera.

Blessington (tel.: 045-65239). Abierto: Pascua a finales de octubre, domingo y fiestas públicas, 10.30-17.30; junio a agosto, diariamente, 10.30-17.30. Entrada de pago.

CO KILKENNY
EXPOSICIÓN CITYSCOPE

Cityscope, que se encuentra en la casa Shee Alms, del siglo XVI, es un modelo tridimensional a escala de la ciudad de Kilkenny en el siglo XVII, junto con otras piezas a escala.

Rose Inn Street, Kilkenny (tel.: 056-21755). Abierto: de mayo a septiembre, lunes a sábado, 9.00-18.00; domingo, 10.00-16.30; de octubre a abril, martes a sábado, 9.00-17.15; domingo, 9.00-12.45, 14.00-17.15. Entrada de pago.

CUEVA DUNMORE

Los huesos humanos y las monedas encontradas en esta caverna natural de piedra caliza sugieren que los vikingos causaron en el 928 la muerte de numerosas personas, incluidos niños. Pasarelas bien iluminadas pasan junto a enormes formaciones de estalagmitas y estalactitas, y un pequeño centro explica la historia y la geología del sistema de la caverna.

A 11 km al norte de Kilkenny, en la N78 (tel.: 056-67726). Abierto: mediados de marzo a mediados de junio, martes a domingo, 10.00-17.00; mediados de junio a mediados de septiembre, diariamente, 10.00-18.30; fines de semana de invierno y fiestas públicas, 10.00-17.00 (última entrada: 45 minutos antes del cierre). Entrada de pago.

ABADÍA JERPOINT

Esta abadía cisterciense del siglo XII es una de las más bellas ruinas monásticas de Irlanda. Sus amplios restos inspiran respeto y tiene minuciosas tallas particularmente exquisitas en los claustros.

A 1,6 km al sur de Thomastown, en la N9 (tel.: 056-21755). Abierto: diariamente, 10.00-18.00. Visitas guiadas en julio y agosto. Entrada de pago.

CASTILLO DE KILKENNY

Situado por encima de las aguas del río Nore, el imponente castillo de Kilkenny, del siglo XII, es notable por su restaurado gran salón y por sus tapices. En los establos está el prestigioso Centro de Diseño Kilkenny.

Kilkenny (tel.: 056-21450). Abierto: abril y mayo, diariamente, 10.00-17.00; junio a septiembre, diariamente, 10.00-19.00; octubre a marzo, martes a sábado, 10.30-12.45, 14.00-17.00; domingo, 11.00-12.45, 14.00-17.00. Entrada de pago.

CATEDRAL DE KILKENNY

Famosa por su grandeza, tallas y monumentos de mármol, la catedral de St. Canice fue construida en el siglo XIII. La cercana torre redonda data del siglo VI.

Dean Street, Kilkenny. Abierto: lunes a sábado, 9.00-13.00, 14.00-18.00; domingo, 14.00-18.00. Entrada de pago para la torre redonda.

CO WEXFORD
PARQUE PATRIMONIO NACIONAL IRLANDÉS

Este excelente lugar al aire libre es una buena introducción a Irlanda, desde los tiempos prehistóricos a la época medieval, incluidas algunas reconstrucciones auténticas de fortificaciones y asentamientos de la Edad de Piedra y la de Bronce, así como un telar normando.

Ferrycarrig (tel.: 053-41733/22211). Abierto: desde finales de mayo a principios de octubre, diariamente, 10.00-17.00. Entrada de pago.

ARBORETUM JOHN F. KENNEDY

Situado por encima del hogar ancestral de los Kennedy, esta colección de 5.000 tipos de árboles y arbustos se extiende sobre 2.000 hectáreas. En verano, los visitantes pueden recorrerlo en pony o en un ferrocarril en miniatura.

Dunganstown, New Ross (tel.: 051-88171). Abierto: de mayo a agosto, diariamente, 10.00-20.00; abril y septiembre, diariamente, 10.00-18.30; de octubre a marzo, diariamente, 10.00-17.00. Entrada de pago.

Después de su disolución, en 1540, la abadía de Jerpoint fue concedida a la familia Ormonde.

EXPERIENCIA MEDIEVAL EN WEXFORD

Una presentación audiovisual de la historia antigua de la ciudad hecha en una de las torres-puertas del siglo XIII, que formó parte de las murallas vikingo-normandas.

Westgate, Wexford (tel.: 053-42611). Abierto: de abril a septiembre, diariamente, 10.00-21.00; de octubre a marzo hasta las 18.00. Entrada de pago.

RESERVA SALVAJE DE WEXFORD

Patos de Bewick, gansos de pico blanco, ánades rabudos, gaviotas y otras especies invernan en las marismas de esta reserva situada en el estuario del Slaney. Permanece abierta todo el año y tiene senderos, una torre de observación y gráficos que ayudan al visitante a identificar los animales.

La reserva se extiende desde la costa y sobre los lagos, a ambos lados del puerto de Wexford.

La vieja Dublín

Esta zona ha sido testigo de la historia de Dublín desde el principio. Aquí se instalaron los vikingos en el 841. Unos 300 años más tarde, Strongbow asaltó la ciudad y se construyó un castillo. *Calcule una hora y media.*

Empiece en Wellington Quay, con el puente Ha'penny a su espalda y diríjase hacia el sur.

1. ZONA DE TEMPLE BAR

Este laberinto de calles estrechas se está desarrollando ahora, y se convierte en una zona de boutiques y galerías de arte, encajadas en los antiguos almacenes ocupados por comerciantes y artesanos. *Diríjase hacia el oeste (derecha) a lo largo de Temple Bar, gire a la izquierda por Temple Lane y continúe hacia Dame Street.*

2. DAME STREET

En otros tiempos permitía el acceso al convento de monjas de St. Mary del Dame, pero su nombre se deriva de una presa que se construyó sobre el río Poddle, que ahora corre subterráneo. Aquí se inauguró en 1870 el teatro más antiguo de Dublín que ha sobrevivido, el Olympia. *Gire a la izquierda hacia Castle Street. Delante está la puerta que da a Upper Castle Yard.*

Cerca:
❹ *Biblioteca de Marsh*
(véase pág. 31)

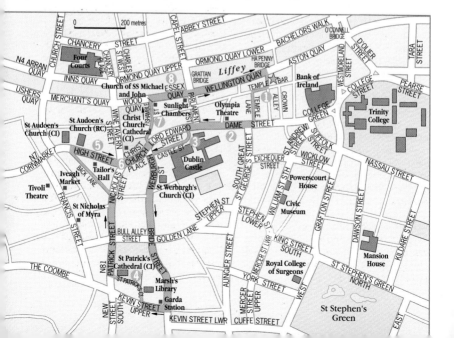

3. CASTILLO DE DUBLÍN

Los trabajos de construcción del castillo empezaron en 1205, aunque hay indicaciones de que ya había terraplenes defensivos antes de que llegaran los vikingos. Hay disponibles visitas guiadas del castillo y las habitaciones (véase pág. 26).

Salga por la Puerta de la Justicia. Continúe a la izquierda a lo largo de Castle Street; gire a la izquierda por las calles Werburgh y Bride. Después de girar a la derecha hacia Kevin Street Upper, gire de nuevo a la derecha por St. Patrick's Close.

4. CATEDRAL DE SAN PATRICIO

La catedral de San Patricio, que se levanta en un lugar tradicionalmente asociado con el santo patrón de Irlanda, fue consagrada en 1192. En el extremo oeste de la nave hay un busto de Jonathan Swift, autor de *Los viajes de Gulliver* (véase pág. 39).

Gire a la derecha por Patrick Street, a la izquierda por Back Lane y a la derecha por High Street.

5. HIGH STREET

El Salón de los Sastres, en Back Lane, construido hacia 1706, es el último salón gremial que sobrevive en Dublín. El «Parlamento de Back Lane» se reunió aquí en 1792. La iglesia parroquial de St. Audoen, la más antigua de la ciudad desde los tiempos medievales, tiene una torre del siglo XII, una nave del siglo XV y una fuente que data de 1194. El programa audiovisual «Llama en la colina», en la vecina iglesia católico-romana de St. Audoen, cuenta la historia de cómo era la vida en la Irlanda anterior a los vikingos (véase pág. 38).

Cruce Nicholas Street/Winetavern Street hasta Christ Church Place.

6. CHRIST CHURCH PLACE

Construida a mediados del siglo XI y reconstruida en piedra por los anglonormandos, contiene la tumba de Strongbow, conde de Pembroke (véase pág. 24).

La catedral de Christ Church, del siglo XII, sustituyó a una iglesia de madera.

Gire a la izquierda a lo largo de Christ Church Place hacia Fishamble Street.

7. FISHAMBLE STREET

Aquí estuvo el primer mercado de pescado de Dublín antes de que la zona se pusiera de moda. Fue el lugar de nacimiento del arzobispo Ussher, del nacionalista Henry Grattan, y aquí se celebró la primera interpretación del *Mesías*, de Handel.

Al llegar al río gire a la derecha por Essex Quay.

8. ESSEX QUAY

En el extremo occidental de Essex Quay, la iglesia franciscana de los santos Michael y John incorpora los restos del teatro Smock-Alley, construido en 1661 y cerrado en la década de 1790, cuando la galería se derrumbó durante una representación. En el extremo oriental, las cámaras Sunlight, construidas hacia 1900, tienen un ornamentado friso de terracota que ilustra la fabricación y usos del jabón.

Cruce Parliament Street y continúe a lo largo de Wellington Quay, para después terminar el paseo de regreso al puente Ha'penny.

Corazón cultural de Dublín

Al norte del Liffey se encuentra el corazón cultural de Dublín. Aquí están las calles más anchas y largas, las mejores casas georgianas y los edificios públicos más espléndidos, así como los teatros Abbey y Gate. *Calcule dos horas.*

Empezando por el lado norte del puente O'Connell, siga Eden Quay hasta Custom House Quay.

1. CUSTOM HOUSE

Custom House, el edificio más magnífico de Dublín, fue diseñado por James Gandon. Desde su inauguración, en 1792, ha sobrevivido a tres grandes incendios, el último de ellos en 1921, tan intenso que se fundieron los apliques de latón (véase pág. 26).

Regrese al puente Butt, y gire a la derecha por Beresford Place.

2. ABBEY STREET

El teatro Abbey, en la esquina de Marlborough Street, fue fundado en 1904 por un grupo dirigido por W. B. Yeats (véase pág. 24). Enfrente están las oficinas de la Lotería Nacional, instituida para aportar fondos para las artes, la cultura y el deporte.

Gire a la derecha por O'Connell Street.

Cerca

❹ *Galería Municipal de Arte Moderno de Hugh Lane.*

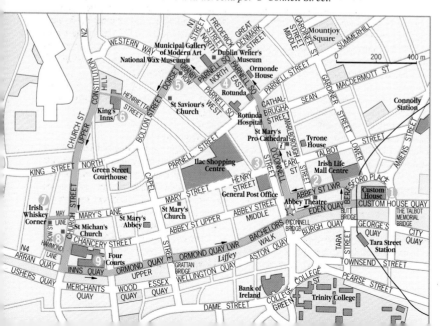

3. O'CONNELL STREET

O'Connell Street es una de las vías públicas más grandes del mundo. Está dominada por la majestuosidad georgiana de la Oficina General de Correos, que fue bombardeada e incendiada cuando se convirtió en cuartel general de los voluntarios irlandeses durante el levantamiento de Pascua de 1916 (véase pág. 27). O'Connell Street tiene muchas asociaciones con la lucha de Irlanda por la independencia.

La estatua de una gigantesca doncella echada en las aguas de una corriente, en el paseo central, es la Fuente Milenaria de Anna Livia, que simboliza el espíritu del Liffey; los habitantes de Dublín la llaman «la Remojada en el jacuzzi».

Cruce Parnell Street hacia Parnell Square East.

4. PARNELL SQUARE

Originalmente conocida como Barley Field, Parnell Square data del año 1748 cuando fue trazada como jardines de recreo. A la izquierda, un poco más allá del monumento a Charles Stewart Parnell, se encuentra el teatro Gate, construido en el año 1786 y convertido en un teatro en 1930. En Parnell Square North está el Museo de los Escritores de Dublín (véanse págs. 26-27).

Gire a la derecha por Granby Row.

5. GRANBY ROW

Granby Row fue obra del gran urbanista georgiano Luke Gardiner, que ejerció una profunda influencia sobre toda la ciudad. El Museo Nacional de Cera está en la esquina con Dorset Street (véase pág. 33).

Gire a la izquierda por Dorset Street. Continúe a lo largo de Bolton Street y gire a la derecha por Henrietta Street.

6. HENRIETTA STREET

Otro desarrollo urbanístico de Gardiner, esta fue en otros tiempos la calle más elegante de Dublín, donde llegaron a vivir al mismo tiempo, a mediados del siglo XVIII, cinco caballeros y una dama nobles, el hijo de un par, un juez, un miembro del Parlamento, un obispo y, por último, dos clérigos ricos.

Al final de Henrietta Street pase a través del arco central de King's Inn y cruce el parque hasta Constitution Hill. Gire a la izquierda, continúe hasta Church Street y gire a la derecha para entrar en May Lane.

7. RINCÓN DEL WHISKEY IRLANDÉS

Los visitantes tienen la oportunidad de probar las diferentes catas de whiskey irlandés en este museo para adultos instalado en un antiguo almacén de la vieja destilería de Jameson (véase pág. 30).

Gire a la izquierda por Bow Street y de nuevo a la izquierda a lo largo de Hammond Lane hasta Church Street.

8. IGLESIA DE ST. MICHAN

St. Michan contiene un magnífico órgano en el que se cree que tocó Handel. También tiene un Taburete del Penitente y un cáliz del siglo XVI. Pero la iglesia es más conocida por sus bóvedas de piedra caliza donde pueden verse cuerpos momificados (véase pág. 38).

Diríjase hacia el sur a lo largo de Church Street, y gire a la izquierda hacia Inns Quay.

9. FOUR COURTS

Diseñado por Gandon y terminado en 1802, el enorme edificio georgiano situado frente al Liffey es la sede de los Tribunales Irlandeses. Las columnas del pórtico todavía muestran las cicatrices de la lucha de 1922, cuando el edificio fue bombardeado durante la guerra civil (véase pág. 27).

Continúe paralelo al Liffey a lo largo de Ormonde Quay y complete el paseo de regreso al puente O'Connell.

Munster

Lo mismo que Co Tipperary, el mayor condado interior de Irlanda, Munster contiene los condados de Waterford, Cork, Kerry, Limerick y Clare. Su paisaje es tan variado como la propia Irlanda, desde la llanura Dorada de Tipperary, hasta la recortada línea costera de Cork, las montañas de Kerry o los majestuosos acantilados de Moher, en Clare. Aquí se funden el pasado y el presente. Los antiguos fuertes de anillo y dólmenes y el místico Rock de Cashel, comparten la provincia con tres de las ciudades industriales más grandes de Irlanda: Cork, Limerick y Waterford.

CO TIPPERARY
CENTRO PATRIMONIAL DE BRU BORU

Este pueblo cultural, que ostenta el nombre de Brian Ború, el rey supremo de Irlanda del siglo XI, tiene un teatro popular, un centro de artesanía, otro de información y un servicio computarizado de genealogía. En verano se organizan banquetes, música y espectáculos teatrales, y el restaurante sirve comida irlandesa.

El excelente pueblo típico de Cashel retrata la vida rural.

Junto al Rock of Cashel (tel.: 062-61122). Abierto: de junio a octubre, diariamente, 9.30-23.00; de noviembre a mayo, diariamente, 9.30-17.30. Entrada de pago.

CASTILLO DE CAHIR

Construido sobre una isla rocosa en medio del río Suir, el castillo de Cahir, uno de los mejor conservados de Irlanda, ha sido impresionantemente restaurado. Construido en los siglos XV y XVI, sus partes más antiguas datan de 1164. El mobiliario son reproducciones auténticas del período. Aquí se filmaron escenas de las películas *Excalibur* y *Barry Lyndon*, y hay visitas guiadas. Un programa audiovisual que se ofrece en la portería destaca las antigüedades de la zona.

Cahir (tel.: 052-41011). Abierto: de abril a mediados de junio, diariamente, 10.00-18.00; de junio a septiembre, diariamente, 9.00-19.30; de noviembre a marzo, diariamente, 10.00-13.00, 14.00-16.30. Visitas guiadas. Entrada de pago.

PUEBLO TÍPICO DE CASHEL

El pueblo típico de Cashel constituye una colección interesante de casas y tiendas reconstruidas que exponen muebles, artefactos y herramientas de la vida local en el siglo XVIII.

Main Street, Cashel (tel.: 062-61947). Abierto: de mayo a septiembre, diariamente, 9.30-20.00. En otras épocas mediante cita previa. Entrada de pago.

MUNSTER

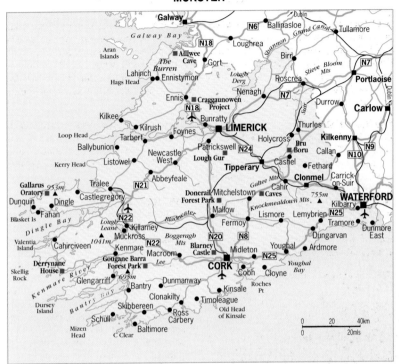

CENTRO PATRIMONIAL CASHEL

En el Centro Patrimonial de Cashel se presenta la historia de los reyes de Cashel desde el 300 d. de C.

Main Street, Cashel (tel.: 062-61846). Abierto: diariamente, 9.00-18.00. Entrada de pago.

MUSEO DEL CONDADO CLONMEL

Esta exposición permanente de objetos de interés político, cívico e industrial de los siglos XIX y principios del XX, también ofrece frecuentes exposiciones organizadas en asociación con el Museo y la Biblioteca Nacional.

Municipal Library, Parnell Street, Clonmel (tel.: 052-21399). Abierto: martes a sábado, 10.00-13.00, 14.00-17.00. Entrada gratuita.

GRANJA TÍPICA FETHARD Y MUSEO DEL TRANSPORTE

En el depósito de carga de una antigua estación de ferrocarril se muestran más de 2.500 piezas reconstruidas. Allí podrá ver una fragua, una cocina campesina, un tílburi, un carro de panadero y un coche fúnebre tirado a caballos.

Cashel Road, Fethard (tel.: 052-31516). Abierto: de mayo a septiembre, lunes a sábado, 10.00-18.00; domingo, 13.30-18.00. Entrada de pago.

BIBLIOTECA GPA BOLTON

Esta biblioteca contiene una exquisita colección de manuscritos ilustrados, libros y mapas. Con frecuencia se organizan exposiciones de grabados, libros antiguos y plata.

Terrenos de la catedral baptista de St. John, John Street, Cashel (tel.: 062-61944). Abierto: de marzo a noviembre, lunes a sábado, 9.30-17.00; domingo, 14.30-17.30. Entrada de pago.

Detalle de esculturas en piedra en el Rock of Cashel.

ABADÍA HOLY CROSS

Fundada en 1180, descuidada durante 400 años y restaurada totalmente entre 1971 y 1985, la abadía progresa ahora como una iglesia parroquial. Incorpora arquitectura de los siglos XII y XV, con excelentes bajorrelieves y tracería en las ventanas. Aquí se conserva un fragmento de la Vera Cruz, en la que murió Cristo.

Holycross, a 6 km al sur de Thurles, en la R660 (tel.: 0504-43241). Abierto: permanentemente. Se aceptan donativos.

CUEVAS MITCHELSTOWN

Los visitantes pueden efectuar una visita guiada por las espectaculares formaciones rocosas de estas enormes cámaras de alto techo, descubiertas hace poco.

Burncourt, a medio camino entre Cahir y Mitchelstown (tel.: 052-67246). Abierto: diariamente, 10.00-18.00. Entrada de pago.

CENTRO PATRIMONIAL DE NENAGH

La antigua prisión del condado de Nenagh es ahora el centro patrimonial de la ciudad. Muestra una excelente exposición sobre los estilos de vida en el noroeste de Tipperary, y hay frecuentes exposiciones temporales de pintura y fotografía.

Frente a Castle Keep, Nenagh (tel.: 067-32633). Abierto: mediados de mayo a finales de octubre, días laborables, 10.00-17.00; fines de semana, 14.30-17.00. Entrada de pago.

CASTILLO DE ORMONDE

El castillo de Ormonde, el mejor ejemplo irlandés de casa señorial isabelina y fortificada, fue construido en 1584 a lo largo de un edificio más antiguo desde el que se dominaba el río Suir. Se dice que fue construido por el conde de Ormonde para atender a Isabel I, que no acudió. Se afirma que en el castillo más antiguo fue donde nació Ana Bolena, esposa de Enrique VIII.

Carrick-on-Suir (tel.: 051-40787). Abierto: mediados de junio a septiembre, diariamente, 9.30-17.00. Entrada de pago.

ROCK OF CASHEL

El Rock of Cashel (la palabra gaélica significa «fuerte de piedra») se levanta 60 m por encima de Golden Vale. La leyenda afirma que el diablo dio un mordisco a las cercanas montañas de Slieve Bloom y lo escupió sobre las llanuras al verse sorprendido por san Patricio.

Coronando la roca se levanta una gran abundancia de arquitectura medieval. El edificio más antiguo, la Torre Redonda, se cree que es del siglo X, pero el seguro que el lugar ya estuvo habitando en tiempos precristianos. Se dice que los reyes supremos de Munster eran coronados en la cumbre.

La capilla de Cormac, completada en el año 1134, es la mejor conservada de los edificios del Rock, y también la más antigua de las iglesias románicas que sobreviven hasta nuestro días en Irlanda. Fue construida por Cormac Macarthy, rey de Desmond y obispo de Cashel, y sus columnas retorcidas, techo empinado y fantásticos bajorrelieves contribuyen a darle su belleza singular.

La catedral de San Patricio, el edificio más antiguo, se construyó un siglo después que la capilla. El edificio del siglo XIII se incendió en el año 1495 y fue restaurado en el siglo XVI. Los apóstoles y escenas del Apocalipsis aparecen representados en esculturas en el crucero norte, y desde lo alto de la torre central se domina una vista espléndida sobre el valle que lo rodea.

El Salón de los Vicarios es el primer edificio al que llegan quienes se acercan al Rock desde la ciudad de Cashel. Fue construido en el siglo XV por ocho vicarios que ayudaban en los servicios de la catedral. En la planta baja está la cruz original de san Patricio (la del exterior es una réplica), una cruz alta menos ornamentada tallada de lo habitual.

Cashel (tel.: 062-61437). Abierto: de mayo a septiembre, diariamente, 9.00-19.30; de octubre a abril, diariamente, 9.30-16.30. Entrada de pago.

Rock of Cashel, fortaleza de los reyes de Munster durante más de 700 años.

Catedral de Christ Church, Waterford, construida según el mismo plan que la Christ Church de Dublín.

CO WATERFORD
MONASTERIO DE ARDMORE

Según la leyenda, 30 años antes de la llegada de san Patricio a Irlanda, en el siglo V, san Declan llegó desde Gales y estableció un asentamiento monástico en Ardmore. Eligió un lugar con asombrosas vistas sobre la bahía y, como consecuencia de su llegada, la zona que rodea el lugar se conoce ahora como Old Parish, y se cree que forma la parroquia más antigua de Irlanda.

El lugar del asentamiento monástico original está en una torre redonda muy bien conservada del siglo XI, y las ruinas de la catedral de St. Declan. El cementerio que la rodea, en abrupta pendiente hacia la costa, contiene el Oratorio de san Declan, donde se cree que está enterrado el santo. Aunque no tiene techo, la vieja catedral es un lugar evocador, especialmente cuando se ven los murales asombrosamente tallados que representan la *Adoración de los magos*, la *Caída del hombre*, el *Juicio de Salomón* y el *Juicio de las almas*.

Señalizado junto a la N25, entre Dungarvan, Co Waterford, y Youghal, Co Cork. Abierto: todo el tiempo.

MUNDO CELTA

El misterio y la mitología de la vida celta en la antigua Irlanda se narra en una exposición de alta tecnología que emplea imágenes tridimensionales y grandes figuras en movimiento.

Ampliamente indicado en Tramore (tel.: 051-86166). Abierto: de junio a septiembre, diariamente, 10.00-23.00; octubre y marzo a mayo, diariamente,10.00-17.30; de noviembre a febrero, fines de semana y grupos preacordados. Entrada de pago.

CATEDRAL DE CHRIST CHURCH

Diseñada por John Roberts, un arquitecto de Waterford cuya obra incluyó la catedral Holy Trinity de la ciudad, Christ Church es una ornamentada estructura renacentista construida en la década de 1770 para sustituir a una iglesia que se había levantado en este lugar desde el siglo XI. Situada en una plaza agradable, la catedral, perteneciente a la Iglesia de Irlanda, contiene interesantes monumentos, incluida la tumba del siglo XV de James Rice que muestra un cadáver descompuesto.

Frente a la catedral está la iglesia Francesa, sin techo, fundada por un fraile franciscano en 1240 y usada más tarde por los refugiados hugonotes. Tiene un exquisito ventanal oriental y la tumba de sir Neal O'Neill, que huyó con Jacobo II tras la batalla del Boyne.

Cathedral Square, Waterford. Entrada gratuita.

CATEDRAL HOLY TRINITY

El sencillo exterior de la catedral cató-

lico-romana de Waterford, diseñada por John Roberts, oculta un interior muy decorado, con arañas de cristal de Waterford.
Barronstrand Street, Waterford. Entrada gratuita.

EXPOSICIÓN DE MUÑECAS LEMYBRIEN

Esta exposición de un coleccionista privado contiene muñecas y juguetes antiguos que datan de 1820.
Por la N25, en Lemybrien, a 10 km al noreste de Dungarvan (tel.: 051-91147). Abierto: del 1 de junio al 1 de septiembre, lunes a sábado, 14.00-21.00; domingo, 16.00-21.00. Entrada de pago.

JARDINES DEL CASTILLO DE LISMORE

Uno de los diversos lugares vinculados con el poema de Edmund Spenser *The Faerie Queene*; estos jardines contienen una exquisita colección de arbustos, incluidas camelias y magnolias, y tranquilos senderos para caminar por el bosque. Un espectacular sendero de madera de tejo se cree que tiene más de 800 años de antigüedad. El hogar irlandés de los duques de Devonshire fue alquilado a sir Walter Raleigh. El

castillo actual, construido a mediados del siglo XIX, no está abierto al público.
Señalizado en Lismore (tel.: 058-54424). Abierto: de mayo a septiembre, domingo a viernes, 13.45-16.45. Entrada de pago.

EXPERIENCIA DE LISMORE

Lismore cuenta con una rica historia: fundada como centro monástico en el 636 d. de C., se convirtió en un centro de enseñanza, fue saqueado repetidas veces por vikingos y normandos, y participó en numerosas luchas religiosas y políticas. Su historia se narra en un programa audiovisual.
Lismore Heritage Centre (tel.: 058-54975). Abierto: de junio a agosto, lunes a viernes, 10.00-20.00; sábado, 10.00-18.00; domingo, 14.00-18.00; septiembre y octubre, lunes a sábado, 10.00-17.30; domingo, 14.00-17.00. Entrada de pago.

Derecha: Experiencia de Lismore, en la que se relata la larga y variada historia de la ciudad. Abajo: El castillo de Lismore, espectacularmente iluminado.

TORRE DE REGINALD

Construida por los vikingos en 1003 como parte de las defensas de Waterford, la achaparrada pero imponente torre tiene muros de 3 m de espesor y alcanza 25 m de altura. En sus tiempos sirvió como residencia real, casa de la moneda, prisión y arsenal. Ahora es un museo cívico.

The Mall, Waterford (tel.: 051-73501). Abierto: lunes a sábado, 10.00-17.00. Entrada de pago.

La torre de Reginald toma su nombre de Ragnvald el Danés, quien supuestamente la construyó.

AYUNTAMIENTO DE WATERFORD

Este exquisito edificio georgiano data de 1783 e incorpora el Teatro Real, donde cada octubre se celebra el Festival de Luz y Música de la ciudad. En la cámara del consejo cuelga una enorme araña de cristal de Waterford, hecha en 1802, una copia de la cual se encuentra en el Independence Hall de Filadelfia. En una colección de recuerdos militares se incluye el uniforme y la espada de Thomas Francis Meagher, un oriundo de Waterford que luchó en la Brigada Irlandesa en Fredericksburg, en la guerra civil americana.

The Mall, Waterford (tel.: 051-73501). Abierto: lunes a viernes, 9.00-13.00, 14.00-17.00. Entrada gratuita.

FÁBRICA DE CRISTAL DE WATERFORD

Las visitas con guía de 40 minutos por la fábrica son gratuitas, aunque tienen que acordarse con antelación, ya sea a través de la fábrica o de la oficina de turismo (véase abajo). A los niños menores de 14 años no se les permite entrar, pero en la sala de exposiciones se muestran videos de los procesos (soplado del cristal, corte y pulido).

Cork Road, Kilbarry, a 1,5 km de Waterford, en la N25 (tel.: 051-73311). Abierto: lunes a viernes, 9.00-17.00. Oficina de información turística, 41 Merchants Quay, Waterford (tel.: 051-75788).

CENTRO PATRIMONIAL DE WATERFORD

En una antigua iglesia del siglo XIX se exponen artefactos vikingos y normandos desenterrados durante unas amplias excavaciones realizadas en la ciudad en la década de 1980. La exposición, que sólo es una selección de los 75.000 objetos descubiertos, incluye piezas de cuero, cerámica y joyería.

Greyfriars Street, Waterford (tel.: 051-73501). Abierto: lunes a sábado, 10.00-17.00. Entrada de pago.

CO CORK
CASA BANTRY

Exquisitamente instalada en unos jardines italianizantes, y dominando la magnífica bahía, esta mansión georgiana data de 1739. Contiene amplias colecciones de arte y antigüedades, incluido un tapiz hecho por María Antonieta. El Centro Interpretativo de la Armada Francesa, también situado aquí, contiene documentos, armas y ar-

El intrincado detalle grabado sobre un exquisito ejemplo de cristal de Waterford.

tefactos de un barco que se hundió durante el intento de invasión francés de 1796.

Señalizado en Bantry (tel.: 027-50047). Abierto: diariamente, 9.00-18.00 (hasta las 20.00 en pleno verano). Entrada de pago.

CASTILLO BLARNEY

Construido alrededor de 1446, el castillo fue la fortaleza de los MacCarthy, y fue Dermot MacCarthy, lord Blarney, aquel cuya suave conversación y vacías promesas exasperaron a Isabel I y dieron lugar a la inclusión de una nueva palabra en el idioma inglés (*blarney* Dublín labia). Para adquirir esa «labia», los visitantes tienen que subir 120 escalones, tumbarse de espalda, colgarse sobre un espacio abierto y besar la legendaria Piedra Blarney. El torreón central, todo lo que queda del viejo castillo, se halla situado en agradables jardines paisajísticos, desde donde se contemplan buenas vistas del valle Lee que lo rodea.

A 8 km al noroeste de Cork, en la R617 (tel.: 021-385252). Abierto: mayo, lunes a sábado, 9.00-19.00; domingo,

9.30-17.30; junio y julio, lunes a sábado, 9.00-20.30; domingo, 9.30-17.30; agosto, lunes a sábado, 9.00-19.30; domingo, 9.00-17.30; septiembre, lunes a sábado, 9.00-18.30; domingo, 9.30-17.30; fuera de temporada, domingo, 9.30-puesta de sol. Entrada de pago.

FUERTE CHARLES

Construido a finales del siglo XVII, tras la derrota de españoles e irlandeses en la batalla de Kinsale, es uno de los más completos fuertes estrella de Europa, llamados así por su forma. Abarca unas 5 hectáreas en lo alto de un acantilado, y estuvo ocupado por tropas británicas hasta 1920.

Summer Cove, a 3 km al este de Kinsale (tel.: 021-772684). Abierto: mediados de abril a mediados de junio, martes a sábado, 9.00-17.00; domingo, 14.00-17.00; mediados de junio a mediados de septiembre, diariamente, 9.00-18.30. Entrada de pago.

Asomándose valerosamente sobre la mareante altura para besar la legendaria Piedra

FLORA Y FAUNA

Irlanda conserva hábitats naturales que han desaparecido del resto de Europa. Los naturalistas de todo el mundo visitan lugares como El Burren, para ver crecer juntas plantas árticas y mediterráneas. Viajan a islas rocosas, a ricas tierras húmedas y a zonas en las que todavía se practica la agricultura tradicional, para observar enormes concentraciones de aves migratorias y especies que son raras en otros países, como el rascón y la chova.

En Irlanda nunca se está lejos del campo. Apenas a tres km del centro de la ciudad de Belfast se encuentra un bien marcado sendero natural de 3 km, en Lagan Meadows, empezando en la entrada del parque Knightsbridge. Aquí se pueden ver martín pescadores, agachadizas, chochas, verderoles de los juncos y garzas reales.

El National Trust ha construido varios refugios para aves en Strangford Lough, donde, en diferentes temporadas del año, se reúnen por miles gansos silvestres, patos, aves de tierra y marinas.

La isla Rathlin, frente a la costa norte, atrae a los ornitólogos gracias a su extenso santuario de Kebble. Grandes cantidades de aves se arremolinan ala con ala sobre los acantilados y los cañones rocosos, gritando broncamente: pájaros bobos, alcas o fulmares.

Las nutrias prosperan en toda Irlanda. Entre los mamíferos que se pueden observar con regularidad hay ciervos rojos, martas de los pinos, ardillas rojas, focas grises, delfines, cabras silvestres y liebres. Sin embargo, no hay serpientes; la leyenda dice que san Patricio las expulsó de Irlanda.

Cape Clear, una isla situada frente a Co Cork, tiene un observatorio construido por la Universidad de Bristol, desde donde se ven raras aves cantoras migratorias, así como aves marinas.

Los pantanales, pobres en nutrientes, mantienen a numerosas plantas pequeñas, como juncias, algodón de boj, romero de boj y asfódelos, así como insectos.

El Burren, en Co Clare, es una vasta meseta desprovista de agua, compuesta por colinas de piedra caliza, que atrae a geólogos y botánicos, especialmente en el mes de mayo, cuando aparecen incontables flores llenas de colorido.

Arriba, izquierda: orquídea silvestre.

Izquierda: un paisaje característico del Burren.

Arriba: los Twelve Bens (Doce picachos), cerca de Roundstone.

Izquierda: Ciervos sika, en Gortin.

El círculo de piedra de Drombeg es uno de los monumentos mejor conservados de Irlanda.

CÍRCULO DE PIEDRA DE DROMBEG

La región de Cork-Kerry posee la más elevada concentración de círculos de piedra de Irlanda, y el de Drombeg es uno de los más accesibles. Se levanta en un pequeño campo con una vista dominante. Una característica insólita de Drombeg es su pozo comunal de cocina en el que se hervían unos 340 litros de agua arrojando piedras calientes. En un experimento reciente, un cocinero de la televisión logró cocinar un cuarto de carne utilizando el método este método.

A 3 km al oeste de Ross Carbery, en la R597, que regresa hacia la N71 justo antes de Leap. Acceso gratuito.

PARQUE DE VIDA SALVAJE FOTA

Jirafas, canguros, órix y monos se mueven libremente entre pingüinos, flamencos y pavos reales, mientras que en un arboretum informal se encuentran árboles exóticos procedentes de todo el mundo. El parque, de 30 hectáreas, se especializa en la cría de ciertas especies en peligro de extinción.

Isla Fota, puerto de Cork, a 8 km al este de Cork, por la N25. También se llega en tren desde Cork (tel.: 021-812678). Abierto: de abril a agosto, lunes a sábado, 10.00-18.00; domingo, 11.00-18.00; el resto del año, sólo fines de semana. Última entrada a las 17.15. Entrada de pago.

ISLA GARINISH

Plantas subtropicales raras se codean con rododendros, azaleas, arbustos trepadores y plantas herbáceas perennes, en esta isla llena de colorido de la bahía Bantry, que fue favorita de George Bernard Shaw. Los hermosos jardines italianizantes, con columnatas, estanques y terrazas, así como un jardín silvestre, fueron trazados entre 1810 y 1913.

Se llega en diez minutos en barco desde Glengarriff (tel.: 027-63040). Abierto: marzo y octubre, lunes a sábado, 10.00-16.30; domingo, 13.00-17.00; de abril a junio y septiembre, lunes a sábado, 10.00-18.30; domingo, 13.00-18.00; julio y agosto, lunes a sábado, 9.30-18.30; domingo, 11.00-18.00. La última partida es una hora antes del cierre. Entrada de pago.

CENTRO PATRIMONIAL JAMESON

En los viejos edificios de piedra de una destilería se cuenta la historia del whiskey, y se expone el alambique de cobre más grande del mundo, una rueda de molino de hierro forjado y objetos tradicionales de artesanía; se ofrece una generosa cata al final de la visita.

Señalizado desde la N25 a Midleton, a 21 km al este de Cork (tel.: 021-631821). Abierto: de mayo a octubre, diariamente, 10.00-16.00. Entrada de pago.

MYRTLE GROVE

Se dice que sir Walter Raleigh fumó el primer tabaco de pipa de Irlanda y que plantó las primeras patatas en Myrtle Grove, una de las mansiones no fortificadas más antiguas del país, cuando fue alcaide de Youghal en 1588-1589. Edmund Spenser, el poeta, también se alojó en esta mansión isabelina.

Main Street, Youghal (tel.: 024-92274). Abierto: de mayo a septiembre, martes, jueves y sábado, 10.00-17.00. Entrada de pago.

Jardines italianos de Garinish: George Bernard Shaw escribió aquí buena parte de su Santa Juana.

CATEDRAL DE ST. FINN BARRE

La catedral gótico francesa del siglo XIX, con sus tres agujas, se levanta donde hubo un monasterio del siglo VI fundado por san Finbarr, que también fundó Cork en la primera parte del siglo VII (véase pág. 77).

Bishop Street, Cork. Abierto: 9.00-18.00. Entrada gratuita.

CAMPANARIO DE SHANDON

Dominando el perfil, en el lado norte del río Lee, en Cork, el empinado campanario de la iglesia de St. Anne invita al visitante a distraer a toda la ciudad con música; quienes suben la estructura de 37 m de altura pueden elegir una melodía que se toca en el carillón.

Church Street, Shandon. Abierto: diariamente, 9.00-18.00. Entrada gratuita.

Catedral de St. Finn Barre, perteneciente a la Iglesia de Irlanda, diseñada por William Burges.

ABADÍA DE TIMOLEAGUE Y JARDINES DEL CASTILLO

Situada en la cabeza de una alargada isla, la abadía de Timoleague fue fundada en 1240, y es uno de los mejor conservados monasterios franciscanos de Irlanda. Fue una de las casas religiosas más grandes e importantes del país, y los monjes comerciaron como importadores de vino español.

Dominando la abadía, las palmeras y otros árboles y arbustos exóticos crecen en hermosos jardines amurallados que abarcan las desparramadas ruinas del castillo de Timoleague, del siglo XIII.

Señalizada en el pueblo de Timoleague. El acceso a la abadía es gratuito. Jardines del castillo (tel.: 023-46116). Abierto: fin de semana de Pascua y mediados de mayo a mediados de septiembre, diariamente, 12.00-18.00. Entrada de pago.

Las ruinas de piedra gris de la abadía de Timoleague, que fuera la más grande de Irlanda.

CO KERRY
CASA DERRYNANE Y PARQUE NACIONAL

El hogar de Daniel O'Connell, el «Libertador», se conserva ahora como un museo y monumento al gran político del siglo XIX. El parque nacional que rodea la casa abarca 130 hectáreas de plantas y arbustos subtropicales y de árboles costeros. También hay un sendero natural, y los visitantes pueden bañarse en el mar (véase también **Cahirciveen**, pág. 79).

Señalizada junto a la N70, a 1,5 km al norte de Caherdaniel (tel.: 0667-5113). Abierto: mediados de junio a septiembre, diariamente, 10.00-13.00, 14.00-19.00; octubre a mediados de junio, martes a sábado, 10.00-13.00, 14.00-17.00; domingo, 14.00-17.00. Entrada de pago a la casa y gratuita a los terrenos.

FUERTE DUNBEG

Elevado sobre un promontorio que domina Dingle Bay, este fuerte de la Edad de Hierro se halla protegido en su lado de tierra por zanjas y un muro de 7 m de espesor. El propio fuerte circular, ahora en ruinas, también tiene espesas murallas.

En la R559, cerca de Fahan, a unos 6 km al oeste de Ventry. Acceso gratuito.

ORATORIO GALLARUS

Extraordinariamente prístino, el oratorio es un ejemplo perfecto de antigua arquitectura irlandesa, que data del siglo VIII o posiblemente del VII. Realizado sin uso del mortero, se ha mantenido estanco al agua durante más de 1.200 años.

Junto a la R559, entre Ballyferriter y Ballynana. Acceso gratuito.

EL REINO DE KERRY

Viaje por el tiempo, de regreso a la Tralee medieval, a lo largo de una calle reconstruida, con casas habitadas por modelos similares a la vida real, con vestidos auténticos; esta atracción incorpora el Mu-

CABAÑAS COLMENA

En las laderas meridionales del monte Eagle se encuentran más de 400 *clochans*, celdas de piedra en forma de colmena. Aunque levantadas sin mortero, las estructuras prehistóricas son bastante estancas al agua, y en los primeros tiempos cristianos fueron usadas por los monjes eremitas. La mayor concentración de cabañas se encuentra en la R559, entre Slea Head y Dunquin, muchas de ellas en los campos y granjas.

El Oratorio Gallarus, en forma de barco al revés, ha soportado la prueba del tiempo.

seo del Condado de Kerry, que abarca 7.000 años de historia de la zona.

Ashe Memorial Hall, Denny Street, Tralee (tel.: 066-27777). Abierto: lunes a sábado, 10.00-20.00; domingo, 14.00-18.00. Entrada de pago.

IGLESIA DE KILMALKEDAR

Esta iglesia en ruinas del siglo XII es un exquisito ejemplo de arquitectura románica. La estrecha ventana oriental es conocida localmente como «el ojo de la aguja», a través de la cual tienen que pasar los que busquen salvación. La Piedra del Alfabeto, una columna que se levanta en el interior de la iglesia, está inscrita con caracteres romanos e irlandeses antiguos.

Junto a la R559, cerca del Oratorio Gallarus. Acceso gratuito.

ABADÍA Y CASA MUCKROSS

A pesar del vandalismo de las tropas de Cromwell en 1652, que la dejaron sin techo, la abadía franciscana del siglo XV se mantiene en un sorprendente buen estado de conservación. Los visitantes pueden subir la antigua escalera de piedra para examinar las celdas de los monjes, la cocina y el refectorio.

No lejos de la abadía está la casa Muckross, rodeada por jardines paisajísticos notables por sus rododendros y azaleas, y construida en estilo isabelino en el siglo XIX. En sus pisos superiores se conserva una colección de mapas, grabados y otros documentos, y hay una pequeña exposición de aves y animales silvestres. La casa también contiene el Centro de Vida Popular de Kerry, con un pub campestre, imprenta, lechería y carpintería. Los artesanos demuestran a los visitantes los oficios de tejedor, fabricante de cestas, cerámica y herrería. Hay una exposición de antiguos utensilios y maquinaria agrícola, y otra ilustra el patrimonio musical y poético de Kerry.

En la N71, carretera de Kenmare, a 4 km en las afueras de Killarney. Abadía abierta: diariamente durante las horas diurnas. Entrada gratuita. Casa (tel.: 064-31440). Abierto: 17 de marzo a finales de junio y septiembre a octubre, diariamente, 9.00-18.00; julio a agosto, diariamente, 9.00-19.00; resto del año, diariamente, 11.00-17.00. Entrada de pago. La entrada a los jardines es gratuita.

CASCADA TORC

La cascada Torc salta desde 18 m de altura en la hermosa cañada donde los frailes de la abadía de Muckross se refugiaron en tiempos de Enrique VIII y de Cromwell. Hay magníficas vistas sobre las cascadas. *A 1,6 km al este de Casa Muckross.*

CO LIMERICK
MUSEO FLOTANTE DE FOYNES

El punto central para el cruce del Atlántico Norte por vía aérea en los años treinta y cuarenta, se muestran ahora el viejo edificio de la terminal, y las salas de radio y meteorología, con su equipo original. Se ofrece un programa audiovisual en un cine al estilo de los años cuarenta, y hay una sala de té en la misma zona. *En la N69, a unos 24 km al oeste de Limerick (tel.: 069-65416). Abierto: de abril a octubre, diariamente, 10.00-18.00. Entrada de pago.*

CASTILLO DEL REY JOHN

Imaginativos modelos y exposiciones tridimensionales interpretan los 800 años de historia de Limerick en el castillo restaurado del siglo XIII. Los paseos a lo largo de las almenas de los muros y torres del castillo permiten hermosas vistas sobre la ciudad, el río Shannon y el campo de los alrededores. *Castle Street, Limerick (tel.: 061-411201/2). Abierto: diariamente, 9.30-17.30. Entrada de pago.*

CENTRO DE LA EDAD DE PIEDRA DE LOUGH GUR

La zona que rodea Lough Gur es uno de los más importantes yacimientos arqueológicos de Irlanda, con numerosos restos megalíticos, círculos de piedra, dólmenes, tumbas de galería en forma de cuña y viviendas neolíticas. En el lago y sus alrededores se ha descubierto una gran riqueza de artefactos. Se ofrece un programa audiovisual de la historia de Lough Gur en el Centro Interpretativo de la Edad de Piedra, construido según un diseño inspirado en estilos de viviendas neolíticas. *Señalizado a 17 km al sur de Limerick, junto a la R512, a Kilmallock (tel.: 061-85186). Abierto: mayo a septiembre, diariamente, 10.00-13.00, 14.00-18.00. Entrada de pago.*

Sillas de coro del siglo XV, encantadoramente talladas, de la catedral St. Mary.

CATEDRAL DE ST. MARY

Construida como un palacio en el siglo XII, la catedral (anglicana) todavía muestra características arquitectónicas originales. Misericordes de las sillas de coro, que datan del siglo XV, muestran tallas grotescas. Durante los meses de verano se celebra aquí un espectáculo de *son et lumière* lleno de colorido, en el que se destacan los momentos más espectaculares de la historia de la ciudad. *Bridge Street, Limerick. Entrada gratuita. Son et lumière: mediados de junio a mediados de septiembre, cada noche, a las 19.00 y 21.15. Entrada de pago.*

CO CLARE
CUEVA AILLWEE

Huecos hechos en el piso de la cueva demuestran que estuvo antiguamente ocupada por el oso pardo de la zona del El Burren. La cueva, una de las más antiguas de Irlanda, ya que tiene dos millones de años, tiene un río, una cascada y un km de pasajes iluminados. La entrada se hace por un centro de visitantes construido en la colina.

Señalizado a 3 km al sur de Ballyvaughan (tel.: 065-77036). Abierto: mediados de marzo a principios de noviembre, diariamente, 10.00-hasta el anochecer. Última visita en julio y agosto, a las 18.30; resto del año a las 17.30. Entrada de pago.

CASTILLO BUNRATTY Y PARQUE

El castillo, que es un torreón normando-irlandés restaurado construido en 1277, contiene una colección de muebles de los siglos XIV a XVII. Durante todo el año se celebran banquetes medievales. El parque típico, situado en los terrenos del castillo, es una calle reconstruida del siglo XIX, con tiendas de artesanía, tiendas de productos generales y oficina de correos. Se ve trabajar a los artesanos y en un restaurante-cobertizo se sirven comidas campestres.

En la N18, a 12 km al noroeste de Limerick (tel.: 061-361511). Abierto: diariamente, 9.30-17.00 (hasta las 19.00 de junio a agosto). La última entrada al castillo es a las 16.30. Entrada de pago.

PROYECTO HISTÓRICO DE CRAGGAUNOWEN

Muchas profesiones del pasado lejano se han recuperado en este proyecto progresivo en los terrenos de un castillo restaurado del siglo XVI. La reconstrucción más espectacular es la de un *crannog* o habitáculo lacustre de la Edad de Bronce. También se muestra una réplica del barco de cuero de san Brendan, del siglo VI, en el que Tim Severin cruzó el Atlántico.

Junto a la R469, a 10 km al sur de Quin (tel.: 061-72178). Abierto: de mayo a septiembre, a diario, 10.00-18.00. Entrada de pago.

Parque típico Bunratty, un museo vivo de la vida tradicional de un pueblo.

16-17-18

Ciudad de Cork

Cork está construida sobre una isla abrazada por dos canales del río Lee. Las calles empinadas, retorcidas y estrechas crean a veces retrasos en el tráfico, por lo que caminar es la mejor forma de desplazarse. Hay mucho de que disfrutar en una ciudad que ha conservado algo del antiguo ambiente portuario. *Calcule una hora y media.*

Empiece por el puente de St. Patrick. Siga a lo largo del Lavitt's Quay. Frente al puente de la Casa de la Ópera, gire a la izquierda hacia Emmet Place.

1. EMMET PLACE

La monotonía de cemento de la Casa de la Ópera de Cork puede causar desilusión, pero el teatro ofrece un amplio programa de ópera clásica y popular, ballet y teatro. La contigua Galería Municipal de Arte Crawford tiene una extensa colección de paisajes locales de los siglos XVIII y XIX. También se organizan exposiciones de artistas irlandeses e internacionales contemporáneos.

Al final de Emmet Place continúe hacia el oeste a lo largo de Paul Street.

2. PAUL STREET

La peatonalizada Paul Street ha aportado nueva vida al centro de la ciudad, con restaurantes, boutiques, estudios de arte y artesanía y diversión callejera en una plaza atractiva. En las tiendas se encuentran artículos irlandeses tradicionales.

Cerca

❼ *Ayuntamiento*

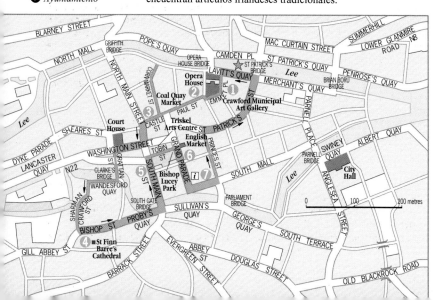

Cork, una deliciosa ciudad fluvial conectada por puentes sobre el río Lee.

Continúe al oeste hasta el cruce de Cornmarket Street y Castle Street.

3. CORNMARKET STREET

El mercado de Coal Quay se levanta en el cruce y es el superviviente de un mercado al aire libre que en otro tiempo continuó a lo largo de Cornmarket Street. En la actualidad, el principal comercio de la zona son las ropas de segunda mano y las antigüedades.

Siga Castle Street, gire a la izquierda en North Main Street y a la derecha por Washington Street. En Grattan Street gire a la izquierda, atraviese el puente de Clarke y gire a la derecha por Wandesford Quay, siguiendo Sharman Crawford Street hasta Bishop Street.

4. CATEDRAL ST. FINN BARRE

Las tres agujas de la catedral le dan un aspecto medieval, pero el edificio data del siglo XIX. Perteneciente a la Iglesia de Irlanda, se levanta donde san Finbarr fundó un monasterio en el 650 (véase pág. 71).

Siga Bishop Street hasta Proby's Quay, vuelva a cruzar el río por el puente South Gate.

5. SOUTH MAIN STREET

South Main Street conduce a otros dos centros de arte y cultura, el Bishop Lucey Park, a la derecha, donde hay una exposición permanente de escultura moderna de Cork. También a la derecha, la estrecha Tobin Street conduce al Centro de Arte Triskel, con exposiciones de arte y artesanías contemporáneas, así como proyección de películas y representaciones teatrales.

Siga Tobin Street hasta Grand Parade.

6. GRAND PARADE

La espaciosa Grand Parade corre desde St. Patrick's Street, en forma de media luna, y que es la principal vía pública de Cork, hasta el canal sur del río Lee. A mitad de camino, cerca de donde sale la Tobin Street, está la entrada al Mercado Inglés, una zona cubierta de tradicionales tenderetes que venden pescado, carne, fruta y verdura. En el extremo sur, el Parade tiene un monumento a los patriotas irlandeses de los siglos XVIII y XIX.

Gire a la izquierda por South Mall.

7. SOUTH MALL

El inicio de South Mall está marcado por un monumento a los Fusileros Reales de Munster que cayeron en la Primera Guerra Mundial. Al otro lado de la calle, el techo del Allied Irish Bank se haya sostenido por seis columnas de mármol procedentes de la vieja San Pablo de Londres.

Gire a la izquierda por Princes Street, y a la derecha por St. Patrick's Street, y termine el paseo en el puente St. Patrick.

9-10-11 Feb

El anillo de Kerry

Es, justificadamente, la excursión más popular de Irlanda y el recorrido de sus 107 km es una experiencia espectacular, con una mezcla de arrugados páramos y montañas, lagos, ríos y corrientes, acantilados, playas e islas curtidas por el tiempo. *Calcule un día.*

Empiece en la ciudad de Killarney.

1. KILLARNEY

Killarney es un centro turístico comparativamente moderno, que empezó a destacar cuando los turistas del siglo XVIII empezaron a sentirse atraídos por sus hermosos paisajes; ahora se ha convertido en un lugar animado donde los tílburis y carricoches compiten en las ajetreadas calles. La catedral de St. Mary, terminada en 1885, es obra del extravagante arquitecto Augustus Pugin.

Siga la N71 hacia el sudoeste durante 18 km hasta Ladies' View.

2. LADIES' VIEW

La carretera pronto serpentea y asciende sobre las aguas del lago Muckross, y no es difícil comprender el encanto experimentado por la reina Victoria y sus damas de compañía por el que el lugar recibe el nombre de «Vista de las Damas». El gran panorama sobre el valle de Killarney se ve mejor desde el segundo aparcamiento para coches.

Cerca

❶ *Casa Muckross y abadía (véase pág. 73)*

❻ *Casa Derrynane (véase pág. 72)*

EXCURSIÓN

Continúe a lo largo de la N71 durante 5 km.

3. MOLL'S GAP

Otra asombrosa vista que domina Macgillycuddy's Reeks y el Carrantuohill, de 1.040 m de altura, la montaña más alta de Irlanda. Las redondeadas rocas se formaron por la acción glacial. En Moll's Gap hay un restaurante y una tienda de artesanía.

Continúe al sur durante 10 km hasta Kenmare.

4. KENMARE

Las calles de Kenmare, a las que se llega después de cruzar un arrugado terreno montañoso, fueron trazadas en 1775, en forma de X, por el primer marqués de Lansdowne. La ciudad tiene un antiguo círculo de piedra, conocido localmente como el Círculo del Druida, en las orillas del río Finnihy.

Tome la N70 al oeste durante 27 km hasta Sneem.

5. SNEEM

La carretera sigue el río Kenmare, y hay espléndidas vistas de las montañas Caha y Slieve Miskish. Sneem, un bonito pueblo de casas alegres rodeando un prado, tiene buenas playas seguras. Aquí es popular la pesca del salmón y de la trucha parda.

A cuatro km al interior de Castlecove, en la N70, está Staigue Fort, de unos 2.500 años de antigüedad, y una de las estructuras antiguas mejor conservadas de Irlanda.

Continúe por la N70 durante 35 km hasta Waterville.

6. WATERVILLE

Más conocida hoy por su campeonato de golf y por la pesca del salmón, se dice que Waterville fue donde desembarcaron Beith y Cessair, nietos de Noé, que no consiguieron plaza en el Arca y tuvieron que construirse la suya.

Las excursiones en tílburi son una forma popular de disfrutar de los encantos de la ciudad de Killarney.

Diríjase al norte durante 16 km hasta Cahirciveen.

7. CAHIRCIVEEN

Cahirciveen, la principal ciudad comercial del sur de Kerry, es un lugar con fuertes asociaciones con el patriota Daniel O'Connell. La arruinada casa Carhan, lugar de nacimiento del Libertador, está a 1,5 km al norte de la ciudad. En la ciudad termina un servicio de ferry para la isla Valentia, desde la que no hay nada más que 3.000 km de océano hasta Terranova.

Siga la N70 durante otros 40 km hasta Killorglin.

8. KILLORGLIN

La carretera rodea la bahía Dingle, con vistas de los picos de la península Dingle, al norte, y pasa por la zona turística de Glenbeigh. Killorglin, una ciudad en las colinas, es más conocida por su feria de mediados de agosto, que dura tres días y que se deriva de la costumbre pagana de coronar a una cabra como rey.

Tome la R562 al sudeste para terminar el circuito en Killarney, a 21 km.

Connacht

Connacht, donde el irlandés es una lengua viva y la Universidad de Galway un centro de la cultura gaélica, cuenta con una variada gama de hermosos paisajes, desde lo sereno hasta lo salvaje y escarpado. Sus lagos y la costa del río Shannon atraen cada año a miles de pescadores, y la extensa costa hace las delicias del pescador de caña, el aficionado a la vela y el adicto a la playa.

La animada ciudad de Galway combina un ambiente medieval con una tradición musical y cultural que cada verano atrae a jóvenes de Europa y de todo el mundo. Otros miles llegan a Knock como peregrinos, para rezar en una iglesia construida en la década de 1970 con capacidad para 20.000 fieles.

CO GALWAY
MONUMENTO A ALCOCK Y BROWN

Un mojón cercano a las ruinas de la estación Marconi (véase pág. 82) marca el lugar donde aterrizaron los intrépidos aviadores Alcock y Brown después del primer vuelo transatlántico sin escalas desde St. John's, en Terranova, en 1919, logro señalado por un monumento situado en terrenos más elevados.

Derrygimlagh Bog, a 6 km al sur de Clifden. Acceso gratuito.

ISLAS ARAN
Véanse págs. 126-127.

CASTILLO AUGHNANURE

Cerca de las costas de Lough Corrib, y sobre terreno rocoso, esta casa-castillo irlandesa del siglo XVI, construida por los O'Flaherty, se conserva bien con sus seis pisos de altura. Se pueden ver los restos de un salón de banquetes, una torre vigía circular y un puerto seco.

Oughterard (tel.: 091-82214). Abierto: mediados de junio a mediados de septiembre, diariamente, 10.00-18.00. Entrada de pago.

PARQUE NACIONAL CONNEMARA

Esta zona de 2.000 hectáreas abarca una gama de hábitats: brezal, páramo, bosque y prados, e incluye cuatro picos de la cadena montañosa de los Twelve Bens (Picachos). Se contemplan vistas asombrosas y en el parque hay un rebaño de ponies de Connemara. El centro de visitantes ofrece información detallada sobre una variedad de paseos y senderos naturales.

Letterfrack, al oeste de Co Galway. Centro de visitantes (tel.: 095-41054). Abierto: de mayo a septiembre, diariamente, 10.00-18.30. Entrada de pago.

Cascada de Ashleagh, cerca de Lean, en Connemara.

RESERVA NATURAL COOLE

El parque Coole, formado con los terrenos de la antigua propiedad de lady Augusta Gregory, es ahora una reserva natural. Este conjunto de hábitats, que incorpora un sendero natural, un paseo por el bosque y un lago, contiene un rebaño de ciervos rojos y una amplia variedad de otros animales y aves. Hay un centro interpretativo que explica el papel de la reserva, así como lugares para hacer picnic y salones de té.

Gort (tel.: 091-31804). Abierto: diariamente hasta el anochecer. Entrada de pago.

ABADÍA DE KYLEMORE

Esta atractiva abadía situada junto al lago, construida originalmente como residencia pública, es ahora un convento para monjas benedictinas. Su capilla gótica es una versión a pequeña escala de la catedral inglesa de Norwich. La bien surtida tienda de artesanía vende cerámicas hechas a mano y hay un restaurante dirigido por las monjas.

Connemara (tel.: 095-41146). Abierto: mediados de marzo a octubre, 10.00-18.00. Terrenos abiertos: de febrero a Navidad, 10.00-18.00. Entrada gratuita.

CONNACHT

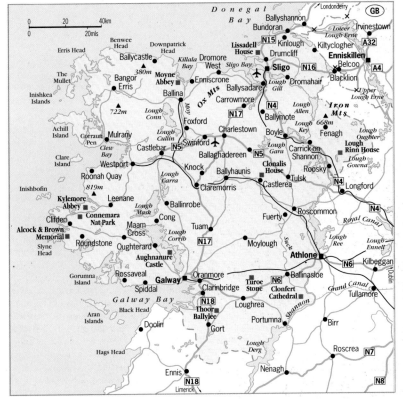

ESTACIÓN DE TELEGRAFÍA MARCONI

De la primera estación transatlántica de telegrafía sin hilos, establecida por la compañía Marconi, sólo quedan los cimientos y algunas de las antenas. La estación fue destruida durante las luchas en la guerra civil irlandesa (1922-1923).

Derrygimlagh Bog, a a 6 km al sur de Clifden. Acceso gratuito.

SANTUARIO DE VIDA SALVAJE DE PORTUMNA

El parque de Portumna, dirigido por el Servicio de Bosques y Vida Salvaje, tiene 400 hectáreas de senderos en lo que fue la propiedad Harewood. Bordeada en su extremo meridional por el Lough Derg, el santuario es el hogar de animales entre los que se incluyen ciervos y gamos. Hay un folleto sobre el sendero natural.

Cerca de de Portumna, llegando desde Woodford. Abierto permanentemente.

SKY DRIVE

El Sky Drive, una estrecha carretera de 14 km de longitud que transcurre por lo alto de bahía Clifden, es una de las más espectaculares de Co Galway; rodea la península al oeste de la ciudad y se abre a vastos paisajes. Esta carretera es muy popular entre los pintores paisajistas.

THOOR BALLYLEE

Esta antigua casa de verano de W. B. Yeats, donde escribió la mayoría de sus obras, ha sido restaurada para recuperar el aspecto original. La casa torre del siglo XVI contiene primeras ediciones de sus obras y los visitantes pueden «subir la estrecha y sinuosa escalera de caracol». Se ofrece un programa audiovisual sobre la vida del poeta, y hay una librería, tienda de artesanía, salón de té, jardines y zona de picnic.

Gort (tel.: 091-31436). Abierto: de Pascua a septiembre, diariamente, 10.00-18.00. Entrada de pago.

La piedra Turoe, enigmática pero posiblemente un componente de antiguos ritos de la fertilidad.

PIEDRA TUROE

Este gran canto rodado granítico, que se cree que data del siglo I d. de C., se levanta en un campo y es un raro ejemplo de piedra pilar decorada con motivos celtas, con exquisito grabado de La Tène.

A 5 km al norte de Loughrea, cerca de Bullaun. Acceso gratuito.

CO MAYO
ISLA ACHILL

La isla Achill, a la que se llega por una corta calzada, es la isla más grande de Irlanda. Su economía depende en buena medida del turismo, ya que pocas de las 15.000 hectáreas de la isla se pueden cultivar, pues es predominantemente montañosa o cubierta de páramos. Hay extrañas formaciones rocosas en los acantilados que flanquean los 3 km de playa de Keel, y la carretera Atlántica ofrece excelentes vistas de las colinas y las playas de arena.

En Keel Harbour pueden alquilarse lanchas para la pesca de altura y del tiburón o para disfrutar con los espectaculares paisajes de los acantilados. En el interior hay círculos de piedra y dólmenes.

Desde Mulrany, en territorio principal.

CASTILLO DE ASHFORD

Antiguo hogar de la familia Guinness, este castillo almenado, situado en las costas del Lough Corrib, se ha convertido ahora en uno de los hoteles más lujosos de Irlanda. Entre su prestigiosa lista de huéspedes se incluye el ex presidente de Estados Unidos, Ronald Reagan. El pueblo de Cong, fue usado para rodar en 1951 la película de John Wayne *El hombre tranquilo*. *Cong (tel.: 092-46003).*

CAMPOS CÉIDE

Campos Céide es el lugar donde hay un centro ambiental interpretativo, establecido en 1992, en lo que se describió como el asentamiento de la edad de Piedra más grande del mundo, con tumbas de 5.000 años de antigüedad y viviendas que revelan que aquí vivió una sociedad bien organizada. También son de interés las plantas silvestres raras y las formaciones rocosas. *A 8 km al oeste de Ballycastle (tel.: 096-43211). Abierto: junio, julio y agosto. Se organizan visitas. Entrada de pago.*

ISLA CLARE

Véase pág. 127.

ABADÍA CONG

Terminada en 1120 por los agustinos, la abadía Cong sustituyó una antigua iglesia construida en el 623 y destruida por los vikingos. Fue fundada por Turlough Mor O'Conor, rey supremo de Irlanda, cuyo hijo Rory, destinado a ser el último rey supremo, murió en la abadía en 1198. Todavía pueden verse el claustro restaurado y la casa de pescadores de los monjes, construida sobre una plataforma fluvial. La abadía fue un importante centro eclesiástico durante más de 700 años y en ella llegaron a vivir unas 3.000 personas. El último abad de Cong murió en 1829. *Cong, entre Lough Mask y Lough Corrib. Acceso gratuito.*

La excelente playa de arena de Achill, la isla más grande de Irlanda.

CENTRO DE VISITANTES DE LA FÁBRICA DE TEJIDOS DE LANA DE FOXFORD

En un programa animado se cuenta la historia de esta fábrica de tejidos del siglo XIX, desde los años de la hambruna hasta la actualidad. La tienda de artesanía vende alfombras, mantas, telas para tapicerías y tweeds, y hay un restaurante.

Foxford (tel.: 094-56756). Abierto: horarios variables. Llamar por teléfono para comprobar. Entrada de pago.

ISLAS INISHKEA

Estas dos islas de perfil bajo forman un santuario para casi el 60 por ciento de la población irlandesa invernal de gansos perceberos, lo que representa unas 2.900 aves. También hay antiguos restos cristianos relacionados con St. Columba.

A 4 km al oeste de la península Mullet.

Miles de visitantes acuden cada año al santuario de Knock.

SANTUARIO KNOCK

Los peregrinos de todo el mundo acuden a Knock, donde en 1879 se informó de apariciones de la Virgen María. Desde entonces, el lugar ha sido considerado como el Lourdes de Irlanda. En 1976 se construyó una iglesia circular con capacidad para 20.000 fieles. Su mejor momento llegó cuando el lugar fue visitado por el papa Juan Pablo II en 1979.

El acceso al santuario es gratuito.

CASA WESTPORT

Una de las casas más majestuosas de Irlanda, esta elegante mansión georgiana, iniciada en 1730, fue terminada en 1788 por el marqués de Sligo, en el lugar donde se levantaba un castillo anterior, cuyas mazmorras todavía se conservan. El arquitecto fue Richard Cassels, cuya obra fue remodelada por James Wyatt. Es un lugar de contrastes, con plata antigua, cristal de Waterford, muebles georgianos y victorianos y retratos de familia hechos por Reynolds, mientras que en las mazmorras hay juegos de vídeo. En los pequeños terrenos junto al lago se ha instalado un parque infantil y se pueden hacer excursiones en bote de remos.

The Quay, Westport (tel.: 098-25430). Abierto: finales de mayo y finales de agosto hasta mediados de septiembre, lunes a sábado, 14.00-17.00; junio, lunes a sábado, 14.00-18.00; julio a finales de agosto, lunes a sábado, 10.30-18.00; domingo, 14.00-18.00. Entrada de pago.

WESTPORT TOWN

Con un centro octogonal y tilos alineados a ambos lados del río canalizado, Clew Bay a sus pies y una gran abundancia de majestuosos edificios georgianos, la planificada ciudad de Westport atrae a numerosos visitantes, tanto de Irlanda como del extranjero. El mercado de los jueves por la mañana, en el Octagon, atrae a los campesinos y en los tenderetes se venden y se compran ropas, productos del campo y novedades. El mercado se anima más cuando tiene lugar el festival anual en la segunda semana de julio, con conciertos gratuitos de música y diversiones callejeras. A finales de septiembre se celebra un festival de las artes.

CO SLIGO
CARROWMORE

En lo alto de una montaña, en Carrowmore, puede contemplarse el cementerio de tumbas megalíticas más grandes de Irlanda. Más de 60 tumbas, una variedad de dólmenes, tumbas de pasillo y círculos de piedra se extienden a lo largo de 3 km. Uno de los dólmenes ha sido fechado en el 4000 a. de C., y las piedras erectas de la Edad del Bronce se cree que datan del 1750 a. de C. El hecho de que todas las tumbas hayan sido construidas según la misma pauta sugiere que Carrowmore pudo haber sido escenario de una batalla.

Al sudeste de Knocknarea Hill, en la R292. Acceso gratuito.

CUEVAS DE KEAGH

Diecisiete pequeñas cuevas en el lado occidental de una montaña muestran huellas de ocupación humana; se descubrieron restos de osos de las cuevas, lemmings árticos, alce irlandés y renos. Según la leyenda, fue en una de estas cuevas donde Cormac Mac Airt, rey de Cashel, fue criado por una loba.

En la R295, a 10 km al sur de Ballymote. Acceso gratuito.

MONASTERIO DE DRUMCLIFF

Poco queda de este asentamiento del siglo VI, excepto el muñón de una torre redonda a un lado de la carretera N15, y una cruz alta, de tallada elaborada, de mil años de antigüedad al otro lado. Las esculturas a ambos lados de la cruz representan una selección de escenas bíblicas, desde Adán y Eva hasta la Crucifixión (véase pág. 95).

Drumcliff, a 8 km al norte de Sligo. Acceso gratuito.

Westport conserva un rico legado de exquisitas casas y calles espaciosas.

VIDA CAMPESTRE

La vida rural es la forma de vida para una gran proporción del pueblo irlandés. Aparte de las aglomeraciones urbanas con población de seis cifras (Dublín, Cork, Limerick y Belfast), las ciudades son como pequeñas islas de actividad en un brillante paisaje verde, donde la agricultura hace una contribución vital a la economía.

Aproximadamente 5,5 millones de los 7 millones de hectáreas del país están dedicadas a la agricultura, y el 14 por ciento de la mano de obra se halla directamente relacionada con la agricultura.

La agricultura, la silvicultura y la pesca son industrias importantes en el norte de Irlanda. No es nada sorprendente que gran número de espectadores se sientan atraídos por las ferias agrícolas, las carreras de caballos o los concursos de arado, y que la caza y la pesca sean actividades de las que disfrutan muchos miles.

Pequeños campos cerrados por muretes de piedra dan paso a terrenos pantanosos abiertos, de intenso color rojo-amarronado o diminutos pueblos rurales junto a la carretera principal. La cebada, el trigo, la remolacha y las patatas crecen bien en la tierra, rica y húmeda, pero es el ganado ovino y vacuno y los productos lácteos los que representan la mayor parte de la producción agrícola. Los conductores deben estar preparados para encontrarse con un rebaño de vacas o de ovejas incluso en las carreteras más transitadas.

A pesar de vivir en granjas y casas aisladas, la gente es gregaria, disfruta de la vida social, deportiva y cultural que encuentra en bares e iglesias, salones de baile y campos de juego.

Los días de mercado, el campo acude a la ciudad. Los campesinos, apelotonados en

La vida del campo en Irlanda se halla estrechamente vinculada con la agricultura. Ni siquiera se puede escapar de ello en las carreteras.

los bares después de varias horas de tratos, exudan un fuerte olor a tweed húmedo y presentan una confusión de gorras, brillantes polainas, rostros astutos y nudosos y comentarios sabios.

SENDERO DE ESCULTURAS DE HAZELWOOD

En el bosque de Hazelwood, en la orilla norte del Lough Gill, hay dispersada una singular colección de esculturas de madera, que abarcan desde figuras de la leyenda irlandesa hasta formas del art nouveau de escultores irlandeses y extranjeros, y que se contemplan siguiendo el sendero del bosque que empieza en el aparcamiento.

A 3 km de Sligo, junto a la carretera de Dromahair. Acceso gratuito.

INNISCRONE (ENNISCRONE)

Las algas que se encuentran en este centro turístico, a 53 km al oeste de Sligo, en la bahía de Killala, son famosas por sus propiedades curativas. La gente acude desde muy lejos para sumergirse en el agua salada caliente, enriquecida con algas marinas, de las casas de baño de la ciudad. Al norte está el valle de los Diamantes, un paraíso para los coleccionistas de conchas.

Kilkullen, Inniscrone. Los horarios va- *rían: compruebe los detalles en la oficina de turismo (tel.: 096-36202). Entrada de pago.*

INNISFREE

Desde Sligo se emprenden viajes en barco hasta la isla de Lough Gill, inmortalizada por el poeta Yeats. Quienes deseen contemplar desde la orilla también podrán verla.

Lough Gill, al este de Sligo. Abierto permanentemente.

LISSADELL HOUSE

Lissadell House es el hogar de la distinguida familia Gore-Booth, dos de cuyos miembros, Eva y Constance, fueron amigos de W. B. Yeats, que les escribió un poema, *En memoria de Eva Gore-Booth y Con Markievicz*, que se muestra junto a la entrada principal. El contenido de la casa refleja las vidas intensas que llevaron los miembros de la familia.

Parte de la propiedad es una reserva de silvicultura y para aves silvestres, conocida localmente como «Campo de gansos»,

Izquierda: Lissadell, hogar de los Gore-Boots.

porque aquí se encuentra la colonia más grande de Irlanda de gansos perceberos. En la entrada de la reserva puede obtenerse la llave de un puesto desde donde se observa a una variedad de aves. En ocasiones, se ve gran número de focas jugueteando en un banco de arena en una bahía cercana.

Señalizado desde la N51 a Carney (tel.: 071-63150). Abierto: mayo a septiembre, lunes a sábado, 10.30-12.00, 14.00-16.30. Entrada de pago.

STRANDHILL

Strandhill es un tranquilo pueblo junto al mar, con una buena playa, dunas de arena y excelentes facilidades para la práctica del surfing, aunque no siempre es seguro nadar aquí. Un sistema de banderas indica el peligro y en verano hay una guardia de playa.

Dolly's Cottage, un pequeño museo típico situado en una casa del siglo XIX, vende productos de granja elaborados en casa y ocasionalmente celebra sesiones de música folk por la noche.

Strandhill, cerca del aeropuerto de Sligo. Dolly's Cottage abre en julio y agosto, diariamente, 15.00-17.00.

TUMBA DE YEATS

Aunque murió en Roquebrune, Francia, W. B. Yeats fue finalmente enterrado en Drumcliff. La sencilla tumba del poeta, bien cuidada, se encuentra bajo la sombra de la montaña Benbulben, de cumbre aplanada. La lápida lleva una inscripción de su poema final:

*Echa una mirada fría
sobre la vida, sobre la muerte.
¡Pasa de largo, jinete!
Cementerio, iglesia de Drumcliff, en la N15, al norte de Sligo. Acceso gratuito.*

CO ROSCOMMON
ABADÍA BOYLE

Las impresionantes ruinas de esta aba-

día cisterciense muestran restos de su esplendor original. Todavía se mantienen en buen estado la nave, con arcos románicos y góticos y el coro y los cruceros de la iglesia del siglo XII.

Boyle (tel.: 079-62604). Abierto: mediados de junio a mediados de septiembre, diariamente, 9.30-13.30, 14.30-18.30. Entrada de pago.

CLONALIS HOUSE

Clonalis es el hogar ancestral del clan O'Conor, que afirma ser la familia más antigua de Europa, ya que hace remontar sus antepasados al 75 d. de C. La mansión del siglo XIX contiene muchos objetos asociados con la familia, incluida el arpa de Turlough O'Carolan, el último gran bardo de Irlanda.

Castlerea (tel.: 0907-20014), Irish West Tourism. Abierto: junio a mediados de septiembre, martes a domingo, 12.00-17.00. Entrada de pago.

Castlerea es la tercera ciudad más grande de Co Roscommon, y es conocida principalmente como lugar de nacimiento, en 1815, de sir William Wilde, el padre de Oscar.

FUERTY

En el cementerio se encuentran las ruinas de una iglesia franciscana en la que 100 sacerdotes fueron asesinados por Robert Ormsby, un tirano local, en tiempos de los saqueos de las tropas de Cromwell. Las tallas en la lápida de la tumba de un herrero muestran las herramientas de su oficio: yunque, fuelle y tenazas, mientras que la lápida de un pastor muestra un cayado y ovejas. La economía del condado todavía se basa en las ovejas y el ganado vacuno, y en Roscommon se celebra uno de los principales mercados semanales de ganado de Irlanda.

A 5 km al sudoeste de Roscommon.

ROSCOMMON

En Co Roscommon, todas las ejecuciones públicas en la horca se llevaron a cabo en la prisión de Roscommon. Hace mucho tiempo, una de las detenidas, la notable «Lady Betty», fue encontrada culpable de asesinato, pero se le conmutó la sentencia de muerte a condición de que a partir de entonces se ocupara de realizar sin salario o recompensa todas las ejecuciones. Ella aceptó el trato, lo que se conmemora con una placa. La prisión del siglo XVIII cayó en desuso en 1822. Parte de la sólida pared de piedra de la prisión ha sido incorporada a una zona comercial de tiendas.

El castillo normando de Roscommon fue construido, capturado por los irlandeses, que lo arrasaron, y reconstruido en el espacio de once años, desde 1269 a 1280. Imponente y sin techo, aunque por lo demás bien conservado, se levanta sombríamente al norte de la ciudad.

Fuera de la ciudad, en la carretera a Boyle, están las impresionantes ruinas de la abadía de Roscommon, priorato dominico fundado en 1253 que logró sobrevivir a las persecuciones religiosas de la Contrarreforma. Pueden verse ocho figuras esculpidas en la base de la tumba de Felim O'Conor, rey de Connacht, en los restos de una iglesia. Representan a *gallowglasses*, soldados profesionales irlandeses en la Edad Media.

Roscommon.

CO LEITRIM
Leitrim es el condado menos poblado de Irlanda. Su ciudad más grande, Carrick-on-Shannon, tiene una población de menos de 2.000 habitantes. Los pescadores de caña aprecian sus numerosos lagos y ríos, incluido un largo tramo del Shannon.

CO LEITRIM
FENAGH

Se cree que el pequeño pueblo de Fenagh estuvo densamente poblado en tiempos precristianos debido al número de cámaras mortuorias megalíticas.

Cerca de Ballinamore.

CASCADA GLENCAR

Desde la N16 entre Manorhamilton y Sligo verá la caída libre de 17 m de la cascada sobre el Glencar Lough, bastante antes del giro a la derecha que conduce hasta ella. Cerca hay varias cascadas más, pero ésta es la más alta. Yeats la inmortalizó en su poema *El niño robado*.

Al este de Drumcliff. Acceso gratuito.

KILTYCLOGHER

Aquí nació Sean MacDiarmada, que fue ejecutado en Dublín por su participa-

Lough Key es la principal atracción del exuberante parque forestal.

El recio castillo de Parke ofrece una vista excelente sobre el encantador Lough Gill.

ción en el levantamiento de Pascua de 1916. Su estatua se levanta en el pueblo. *Al noreste de Manorhamilton.*

MUSEO POPULAR DE KINLOUGH

Este museo quizá sea pequeño, pero está atestado de objetos fascinantes, como documentos, artefactos agrícolas y del hogar, y un alambique de whiskey.

Barrack Street, Kinlough (no tiene teléfono). Encontrará la llave en la tienda de ultramarinos que está enfrente.

PARQUE FORESTAL LOUGH KEY

A pocos km de Carrick-on-Shannon, la capital del condado, este parque forestal se extiende a lo largo de las orillas del Lough Key. Cuenta con senderos naturales, jardines de boj, un recinto para los ciervos y facilidades para paseos en barca.

Acceso gratuito. Se cobra por aparcar.

JARDINES Y CASA LOUGH RINN

Esta propiedad fue el hogar ancestral de los condes de Leitrim. El jardín amurallado de una hectárea y media, diseñado en 1859, fue trazado originalmente para producir frutas y verduras para la casa, y ha sido ampliamente replantado al estilo de un jardín victoriano de recreo. Está dividido en tres secciones características: trazado formal en el jardín superior; extensiones herbáceas en el centro, con temas de tonos naranja, amarillo, plata y blanco, y un jardín mixto de plantas perennes y matorrales.

Mohill (tel.: 078-31427). Abierto: abril a septiembre, diariamente, 10.00-19.00. Última hora a las 17.30. Entrada de pago.

CASTILLO DE PARKE

Esta casa fuertemente fortificada del siglo XVII fue hogar de un inglés llamado Parke que, poco diplomáticamente, desmanteló un castillo vecino para conseguir el material con el que construir el suyo. El castillo que fue desmantelado era propiedad del poderoso clan de los O'Rourke y el hogar de Parke tuvo que ser inexpugnable como defensa contra el encolerizado irlandés. Un programa de video relata la historia, y hay una visita guiada (véase pág. 95).

Cerca de Sligo, en la orilla norte del Lough Gill (tel.: 071-64149). Abierto: junio a septiembre, diariamente, 9.30-18.00; mediados de abril a mayo y octubre, diariamente, 10.00-17.00. Entrada de pago.

Ciudad de Galway

Próspera, vibrante y compacta, la histórica ciudad de Galway es ideal para realizar una visita a pie. *Calcule una hora y media.*

Empiece por el lado sureste de Eyre Square, delante del Great Southern Hotel (las estaciones de tren y autobús están por detrás del hotel, en Station Road).

1. EYRE SQUARE

La plaza está rodeada por los más animados pubs de restaurantes de Galway. Su zona central, el Parque Kennedy, es el escenario donde se celebran las representaciones al aire libre durante los numerosos festivales de la ciudad. La escultura de acero de 6 m, obra de Eamonn O'Donnel, simboliza los *hookers* de Galway, barcos tradicionales que en otros tiempos llenaron la bahía.

Cerca:

6 *Catedral de St. Nicholas.*

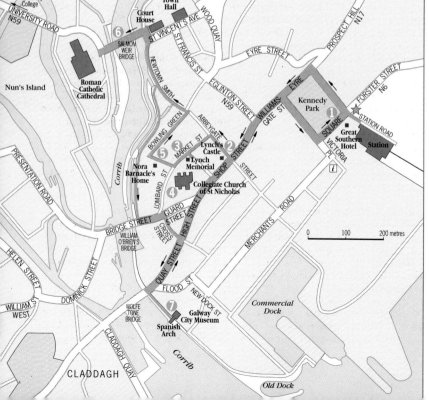

Desde la esquina noroccidental de la plaza, siga la Williamsgate Street hasta William Street y continúe por Abbeygate Street.

2. CASTILLO DE LYNCH

El Allied Irish Bank, en la esquina de Shop Street y Abbeygate Street, es un bien conservado ejemplo de castillo urbano de un comerciante. Se cree que fue construido en el reinado de Enrique VIII y muestra su impresionante escudo de armas y exquisitas chimeneas.

Gire a la derecha por Abbeygate Street y a la izquierda por Market Street.

3. MONUMENTO LYNCH

Una inscripción en mármol negro, encima del pórtico gótico, señala el lugar donde, según la leyenda, un alcalde de Galway del siglo XVI encontró culpable de asesinato a su propio hijo y, cuando el verdugo se negó a cumplir la sentencia, lo ahorcó él mismo.

Continúe por Lombard Street.

4. IGLESIA COLEGIATA DE ST. NICHOLAS

Construida por los anglonormandos en 1320 y ampliada en los siglos XV y XVI, la iglesia contiene numerosas esculturas y reliquias medievales y un campanario con ocho campanas. Los domingos se celebra un animado mercado alrededor de la iglesia.

Tome por Bowling Green.

5. HOGAR DE NORA BARNACLE

Una placa señala el antiguo hogar de Nora Barnacle, esposa de James Joyce. Fue colocada en 1982 para celebrar el centenario de su nacimiento. La casa está abierta al público (lunes a sábado, con entrada de pago).

Al final de Bowling Green gire a la izquierda por Newton Smith y continúe hasta donde el puente Salmon Weir cruza el río Corrib.

Monumento al valeroso salmón.

6. PUENTE SALMON WEIR

El puente, que es la atracción más conocida de Galway, es el lugar desde donde pueden verse bancos de salmones abriéndose paso corriente arriba para desovar desde mediados de abril a principios de julio.

Siga el sendero señalizado junto al río hasta el puente William O'Brien, gire a la izquierda por Bridge Street, a la derecha por Cross Street y a la derecha de nuevo por Quay Street hasta Spanish Arch.

7. SPANISH ARCH

Construido en 1594, el arco protegió los muelles en los que descargaban los galeones españoles. Ahora está junto al Museo Municipal de Galway. Claddagh, que se ve al otro lado del río Corrib, es el antiguo pueblo de pescadores donde tuvo su origen el tradicional anillo de boda irlandés.

Regrese a lo largo de Quay Street por la zona comercial de High Street y Shop Street, y complete el paseo en Eyre Square.

La tierra de Yeats

El característico perfil de Benbulben se cierne sobre la bahía de Sligo y aparece inesperadamente, siempre cambiante bajo el caprichoso clima de la zona. El recorrido abarca los lugares donde encontró inspiración el poeta W. B. Yeats. *Calcule un día.*

Empiece en la ciudad de Sligo.

1. SLIGO, CO SLIGO

Sligo tiene una historia larga y a menudo violenta. En el siglo IX fue atacada por los vikingos, a lo que siguieron incursiones de irlandeses y anglonormandos. Su población se redujo en un tercio durante la gran hambruna de Irlanda. Los únicos restos de sus antiguos tiempos son las ruinas de la abadía dominica del siglo XIII, en Abbey Street. La biblioteca y el museo del condado de sligo tiene numerosas pinturas del padre de W. B. Yeats, John, y de su hermano Jack. El propio W. B. (1865-1939) es conmemorado en el edificio Yeats, donde cada mes de agosto se celebra una escuela anual

Cerca:

❷ *Lissadell (véanse págs. 88-89)*

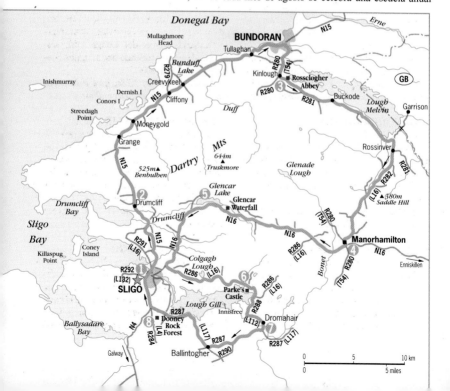

de verano. La competición Fiddler of Dooney, inspirada por su poema, tiene lugar cada julio en Sligo para elegir al violinista campeón de Irlanda.

Tome la N15 durante 8 km hacia Drumcliff.

2. DRUMCLIFF, CO SLIGO

El muñón de una torre redonda y una cruz alta de mil años de antigüedad es todo lo que queda de un monasterio que se cree fue fundado por St. Columba en el siglo VI (véase pág. 85). La sencilla tumba de Yeats está a la izquierda de la entrada a la iglesia protestante, por cierto, un tanto sombría.

Continúe por la N15 durante 37 km hasta Bundoran, y tome luego por la R280 durante 5 km hasta Kinlough.

3. KINLOUGH, CO LEITRIM

Es un pueblo atractivo con excelentes servicios para la pesca del salmón, que domina el Lough Melvin y las ruinas de la abadía Rossclogher.

Siga la R281 a lo largo de la orilla sur de Lough Melvin durante 13 km, y luego gire a la derecha por la R282 y recorra la misma distancia hasta Manorhamilton.

4. MANORHAMILTON, CO LEITRIM

Esta comunidad situada en un cruce de carreteras, recibió el nombre del plantador escocés del siglo XVII sir Frederick Hamilton, que construyó el ahora en ruinas castillo que domina la ciudad.

Siga la N16 al oeste durante unos 13 km hasta el lago Glencar.

5. GLENCAR, CO LEITRIM

La N16 bordea el lago y ofrece extraordinarias vistas alpinas de la cascada Glencar, inmortalizada en el poema de Yeats *El niño robado*. El valle del Glencar es una mezcolanza ecológica con bosques mixtos y especies vegetales raras.

Continúe por la N16 durante 16 km, gire a la izquierda hasta el centro de visitantes del castillo de Parke, en la R286.

Yeats, líder del renacimiento literario irlandés y cofundador del teatro Abbey, en Dublín.

6. CASTILLO DE PARKE, CO LEITRIM

El castillo de Parke, una mansión impresionantemente reconstruida, ofrece extraordinarias vistas del Lough Gill, salpicado de islas y rodeado por antiguos bosques (véase pág. 91).

Continúe por la R286, gire a la derecha por la R288 hacia Dromahair.

7. DROMAHAIR, CO LEITRIM

En Dromahair se celebran las reuniones de la familia O'Rourke. El pueblo fue trazado siguiendo un modelo de asentamiento de Somerset, por una familia inglesa, los Lane-Foxe. Desde aquí se puede ir en bote hasta la isla de Innisfree.

Tome la R287 hacia el oeste durante 16 km hasta Dooney.

8. DOONEY, CO SLIGO

El bosque de rocas de Dooney es un hermoso rincón de Lough Gill. Aquí están las «ramas gemelas» mencionadas en el poema de Yeats *El violinista de Dooney*.

Desde Dooney tome la N4 hacia el norte para completar la excursión en Sligo.

Ulster

La antigua provincia del Ulster abarca no sólo los seis condados de Irlanda del Norte, sino también Donegal, Cavan y Monaghan, en la República. Hay mucho que ver aquí: las montañas Sperrin, increíblemente hermosas, la carretera de la costa a Antrim, y la espléndida tierra de los lagos de Fermanagh, o un viaje por el interior hasta Londonderry y Donegal, donde la belleza aparece a la vuelta de cada esquina.

BELFAST
JARDINES ZOOLÓGICOS DE BELFAST

En las laderas más bajas de Cave Hill, dominando la ciudad, el zoo tiene un lago con flamencos y un *crannog* o casa lacustre fortificada. Hay pandas rojos, osos, raros tamarindos y titíes, y vista subacuática de leones marinos y pingüinos.

Bellevue Park, al norte de Belfast (tel.: 0232-776277). Abierto: diariamente, 10.00-17.00 y hasta las 16.30 en invierno. Entrada de pago.

JARDINES BOTÁNICOS

Dominados por una elegante y victoriana Casa de Palmeras, de hierro forjado y cubierta de cristal, estos agradables jardines incluyen un Jardín Tropical, donde muchas de las plantas tienen más de un siglo.

Stranmillis Road (tel.: 0232-324902). Abierto: lunes a viernes, 10.00-anochecer; la Casa de Palmeras y el Jardín Tropical cierran a las 17.00 (16.00 de octubre a marzo). Entrada de pago.

CAVE HILL

En lo alto de Cave Hill está el fuerte de MacArt, antiguos terraplenes donde, en 1795, Wolfe Tone y los irlandeses unidos afirmaron su independencia de Inglaterra y juraron rebelión. En las laderas más bajas, el castillo de Belfast, del siglo XIX, con su torre de seis pisos, fue regalado a la ciudad en 1934 por el conde de Shaftesbury.

Antrim Road. Cave Hill está siempre abierto.

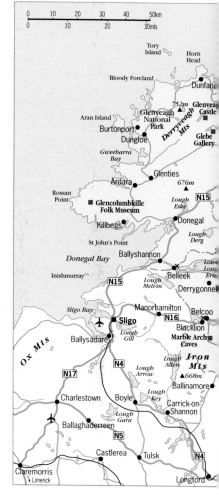

AYUNTAMIENTO

Belfast, que en el siglo XVII era un pueblo, contaba ya con 300.000 habitantes en 1888, y la reina Victoria le concedió estatus de ciudad. Se iniciaron las obras del ornamentado Ayuntamiento, construido en estilo clásico, con una alta bóveda basada en la de la catedral de San Pablo, en Londres. Se inauguró en 1906 (véase pág. 116).

Donegall Square (tel.: 0232-320202). Abierto: visitas los miércoles a las 10.30 o mediante acuerdo. Entrada gratuita.

ULSTER

La insólita iglesia Sinclair de los Marineros, con su inconfundible atmósfera marítima.

CROWN LIQUOR SALOON

Este antiguo hotel exquisitamente decorado, con su iluminación de gas, excelentes paneles de madera, baldosas y cristales decorados es un popular lugar de encuentro en Belfast y uno de sus mejores edificios victorianos.

46 Great Victoria Street (tel.: 0232-249476). Abierto: horas permitidas.

PARQUE DIXON

Aquí florecen más de 20.000 rosales y en cualquier momento del verano florecen por lo menos 100.000 rosas. En el parque se celebran cada mes de julio las Pruebas Internacionales de la Rosa de la Ciudad de Belfast.

Upper Malone Road, South Belfast (tel.: 0232-320202). Acceso gratuito.

ANILLO DEL GIGANTE

Un intrigante recinto circular megalítico de casi 200 m de diámetro, tiene un dolmen central rodeado por un espeso y alto terraplén. El lugar, que se cree tiene 4.000 años de antigüedad, fue usado en el siglo XVIII para carreras de caballos; tres vueltas hacían una milla.

GRAN CASA DE LA ÓPERA

Diseñada por el arquitecto Frank Matcham e inaugurada en 1895, este tradicional teatro victoriano fue sustancialmente restaurado y reabierto en 1980. No ha perdido nada de su extravagancia interior y hay mucho que ver mientras se espera el inicio de una representación (véase pág. 117).

Great Victoria Street (tel.: 0232-241919). Abierto: para las representaciones.

UNIVERSIDAD QUEEN

El estilo arquitectónico del edificio principal, diseñado por sir Charles Lanyon, que se levanta más allá de un extenso prado, con claustros pavimentados y una torre de entrada, muestra ecos del Magdalen College de la Universidad de Oxford, en Inglaterra. Otros edificios universitarios aparecen desparramados por la zona de Stranmillis Road (véase pág. 117).

Cerca de los Jardines Botánicos, en University Road.

CATEDRAL DE ST. ANNE

La construcción de esta basílica anglicana en estilo neorrománico se inició en 1899 y tardó 80 años en terminarse. Bajo el suelo de la nave insólitamente alta, yace el cuerpo de lord Edward Carson, que se opuso al Gobierno Nacional.

En la esquina de las calles Donegall y York.

IGLESIA SINCLAIR DE LOS MARINEROS

Los marineros han rezado aquí desde 1853. Los sermones se pronuncian desde un púlpito en forma de proa y el órgano tiene luces de navegación a babor y a estribor. *Corporation Square (tel.: 0232-7577230). Abierto: verano, miércoles, 14.00-16.00; servicios dominicales, 11.30 y 19.00.*

STORMONT

El edificio del antiguo Parlamento de Irlanda del Norte no está abierto al público para poder visitarlo, pero se puede recorrer el parque que delimita el sendero de 1,6 km.

A 10 km al este de la ciudad, en la carretera de Newtownards. Los terrenos se abren durante las horas de luz diurna. Entrada gratuita.

BELFAST

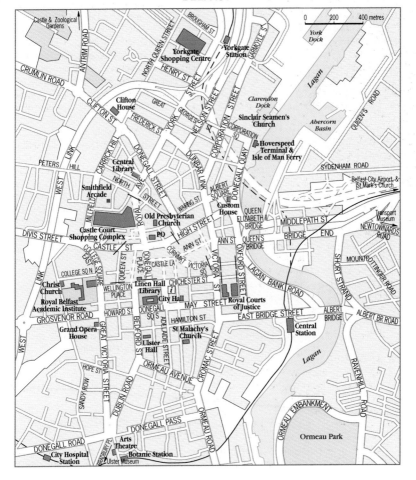

MUSEO POPULAR Y DEL TRANSPORTE DE ULSTER

Granjas originales, casas de campo, molinos de agua, una iglesia, una escuela y edificios de un pueblo fueron trasladados piedra a piedra y vueltos a erigir para formar este famoso museo al aire libre. En su interior, la sección de transporte abarca desde el carricoche tirado por burro hasta el avión.

Cultra, Holywood, a 8 km al este de Belfast (tel.: 0232-428428). Abierto: diariamente, horarios variables, excepto en Navidades. Entrada de pago.

MUSEO DEL ULSTER

Entre los objetos expuestos, que abarcan 9.000 años, pueden verse piezas de oro y plata del *Girona*, un navío de la Armada española que se estrelló en la Calzada de los Gigantes en 1588. También se muestran obras internacionales de arte, muebles y vidrio irlandés e innumerables objetos. El museo se ha convertido en un importante centro mundial para el estudio de la Armada española.

Jardines botánicos, Stranmillis Road (tel.; 0232-381251). Abierto: lunes a viernes, 10.00-17.00; sábado, 13.00-17.00; domingo, 14.00-17.00. Entrada gratuita.

CO DOWN
MOLINO DE AGUA DE ANNALONG

Este molino del siglo XIX, impulsado por el agua y ahora restaurado, muestra una exposición en la que se explica la historia de la molienda de la harina. También hay un jardín de hierbas, un centro del visitante, café y una tienda de antigüedades.

Marine Park, Annalong (tel.: 03967-68736). Abierto: junio a septiembre, diariamente, 14.00-18.00 (visitas guiadas). Entrada de pago.

GRANJA ABIERTA ARK

En esta granja hay cabras enanas de Nigeria, caballos en miniatura, ovejas de Jacob, especies raras de cerdos y otras criaturas; también hay un rincón del animal doméstico y se ofrece montar en pony.

296 Bangor Road, Newtownards (tel.: 0247-812672). Abierto: mediados de abril a septiembre, martes a sábado, 10.00-17.30; julio a agosto, domingo, 14.00-18.00. Entrada de pago.

MOLINO DE VIENTO DE BALLYCOPELAND

Este molino torre de finales del siglo XVIII, que funcionó hasta 1915, vuelve a funcionar ahora. Hay un modelo del moli-

Uno de los diversos edificios reconstruidos en el Museo Popular y del Transporte del Ulster.

El molino de Annalong, del siglo XIX, se levanta al borde del puerto.

no que funciona eléctricamente, y un centro del visitante en la casa.

En la B172, a 1,6 km al oeste de Millisle (tel.: 0247-861413). Abierto: de Pascua a septiembre, martes a sábado, 10.00-19.00. Entrada de pago.

CASA DE LA MARIPOSA

En ella hay una colección de más de 30 especies vivas de mariposas tropicales, insectos y reptiles de todo el mundo.

Seaforde Nursery, Seaforde, a 1,5 km al norte de Clough (tel.: 039687-225). Abierto: de Pascua a septiembre, lunes a sábado, 10.00-17.00; domingo, 14.00-18.00. Entrada de pago.

CASTLE WARD

Es una mansión de estilo mezclado: lord Bangor deseaba un hogar palladiano clásico; su esposa Anne deseaba una casa de estilo gótico flamígero, muy en boga en la década de 1760. Como resultado, la parte delantera es clásica, y la de atrás no se parece a nada. El matrimonio no duró, pero sobrevive la casa, actualmente propiedad del National Trust. Los edificios incluyen un molino de grano, un aserradero, un matadero y una lavandería victoriana.

A 1,6 km al oeste de Strangford (tel.: 0396-86204). Casa abierta de mayo a agosto, viernes a miércoles, 13.00-18.00; de septiembre a octubre, sólo fines de semana. Propiedad: abierta durante todo el año hasta el anochecer. Entrada de pago.

MUSEO DEL CONDADO DE DOWN Y CENTRO PATRIMONIAL ST. PATRICK

Situado en una antigua prisión construida a finales del siglo XVIII, este museo incluye una pequeña exposición sobre san Patricio, el santo patrono de Irlanda.

English Street, Downpatrick (tel.: 0396-615218). Abierto: lunes a viernes, 11.00-17.00; fines de semana, 14.00-17.00. Cerrado: los lunes de septiembre a junio.. Entrada gratuita.

DOWNPATRICK Y ARDGLASS RAILWAY COMPANY

Una sección restaurada de un km de la línea férrea del ramal de Downpatrick-Ardglass funciona desde Market Street, en Downpatrick. La locomotora *Guinness*, o una locomotora diesel, tira del tren los domingos de verano.

Market Street, Downpatrick (tel.: 0396-830141). Entrada de pago.

ESCUELA DRUMBALLYRONEY

Aquí fue donde enseñó Patrick Brontë, padre de las tres hermanas literatas, antes de trasladarse a Yorkshire. Marca el inicio de una excursión de 13 km señalizada como Brontë Homeland.

Junto a la A1 y la A50, a 14 km al sudeste de Banbridge (tel.: 08206-62991).

FUERTE HILLSBOROUGH

Construido en 1650, el fuerte Hillsborough fue remodelado en el siglo XVIII. Al otro lado de la carretera está el castillo Hillsborough, donde en 1985 se firmó el acuerdo anglo-irlandés; fue antigua residencia del gobernador de Irlanda del Norte.

Hillsborough (tel.: 0846-683285). El fuerte abre de abril a septiembre, martes a sábado, 10.00-19.00; domingo, 14.00-19.00; octubre a marzo, martes a sábado, 10.00-16.00; los terrenos permanecen abiertos hasta el anochecer. Entrada gratuita.

ABADÍA INCH

A esta abadía cisterciense en ruinas, situada en un encantador paraje boscoso en las marismas de Quoile, se llega por una calzada. John de Courcey fundó la abadía en 1180, donde ya había un monasterio del siglo IX. Los monjes de Inch eran ingleses, pues venían de la abadía de Furness, en Lancashire. Todavía se mantiene la triple ventana oriental.

A 1,6 km al noroeste de Downpatrick, junto a la A7 (no tiene teléfono). Abierto: de Pascua a septiembre, martes a sábado, 10.00-19.00; domingo, 14.00-19.00; octubre a marzo, martes a sábado, 10.00-16.00; domingo, 14.00-16.00. Entrada de pago.

CASA Y JARDINES MOUNT STEWART

Los magníficos jardines creados por lady Londonderry en la década de 1920, tienen una gran colección de plantas que disfrutan de un clima suave. Cada jardín tiene un tema: el italiano, el español, el de Shamrock, el de la Paz. La casa contiene muebles antiguos procedentes de Europa, colecciones de porcelana e importantes pinturas.

Tributo en la tumba del santo patrono de Irlanda.

Greyabbey, Newtownards (tel.: 0247-74387). Abierto: junio a agosto, miércoles a lunes, 13.00-18.00; mayo, septiembre y octubre, sólo fines de semana y fiestas públicas. Entrada de pago.

ACUARIO DE IRLANDA DEL NORTE

Aquí se muestran más de 70 especies de vida marina que se encuentran en el Stranford Lough, junto con modelos del lecho marino que explican la naturaleza singular del *lough*.

Ropewalk, Portaferry (tel.: 02477-28062). Abierto: abril a agosto, lunes a sábado, 10.00-18.00; domingo, 13.00-18.00; septiembre a marzo, martes a sábado, 10.30-17.00; domingo, 13.00-17.00. Entrada de pago.

TUMBA DE SAN PATRICIO

Se dice que san Patricio está enterrado cerca de una vieja torre redonda en el cementerio de la catedral de Down, junto con los huesos de santa Brígida y santa Columba. Una losa de granito cubre el hueco hecho por los pies de los peregrinos.

Downpatrick. Acceso gratuito.

SAUL

Se cree que san Patricio desembarcó cerca de Saul y fundó aquí su primera iglesia. Desde aquí viajó por el país, convirtiendo a los irlandeses. En 1932 se construyó la iglesia de San Patricio donde se cree que se levantó la abadía del mismo nombre.

Al noreste de Downpatrick. Abierto: diariamente.

PARQUE CAMPESTRE DE SCRABO

La Torre Scrabo, construida en 1857 como un monumento al tercer marqués de Londonderry, sirve ahora como centro campestre con senderos entre el bosque, canteras e interesante vida salvaje. Los visitantes pueden subir los 122 escalones hasta lo alto de la torre de 41 m de altura,

Jardín Mount Stewart, de estilo italianizante, uno de los más extraordinarios de Irlanda.

para contemplar vistas extraordinarias sobre Strangford.

Señalizado desde Newtownards (tel.: 0247-811491). La torre abre de junio a septiembre, diariamente, 12.00-17.30, excepto lunes; al parque se accede gratuitamente.

STRANGFORD LOUGH

Uno de los lugares más ricos de Europa para la vida salvaje marina, esta gran ensenada marina, en la que hay unas 120 islas, es el hogar de cientos de especies animales marinas, desde moluscos y esponjas a aves y grandes colonias de focas. La zona está salpicada de monumentos megalíticos y majestuosas mansiones y castillos.

POZOS STRUELL

Cuatro pozos con fama de tener poderes curativos, cuya existencia se registra por primera vez en 1306, son alimentados por una corriente subterránea. Hay casas de baño para hombres y mujeres y un pozo para beber construido hacia 1600. En pleno verano se celebra aquí la misa.

Junto a la B1, a 2 km al este de Downpatrick.

CENTRO DE VIDA SALVAJE DEL ULSTER

Ofrece información sobre la vida salvaje de los terrenos húmedos, los páramos y prados del monasterio de Tobar Mhuire.

Ulster Wildlife Trust, 3 New Line, Killyleagh Road, Crossgar (tel.: 0396-830282). Abierto: abril a septiembre, lunes a viernes, 10.00-16.00; en otras ocasiones previa cita. Entrada de pago.

CO ARMAGH
ARDRESS HOUSE

Esta granja del siglo XVII tiene una exquisita fachada del siglo XVIII y un elegante salón con excelentes enlucidos neoclásicos. Los terrenos contienen un patio empedrado, con ganado y un sendero que rodea la propiedad, entre el bosque, «la Milla de las Damas».

En la B28, en Annaghmore, a 11 km al oeste de Portadown (tel.: 0762-851236). Abierto: Pascua, 14.00-18.00; mayo, junio y septiembre, fines de semana y fiestas públicas, 14.00-18.00; julio y agosto, diariamente, 14.00-18.00 (cerrado el martes). Entrada de pago.

RELIGIÓN

Son pocos los países del mundo occidental donde la religión forme una parte tan importante de la vida cotidiana. Las diferencias entre las dos Irlandas se caracterizan por el número de grutas y santuarios marianos (católico-romanos) que hay en la República, y las austeras capillas y salas de la Orden de Orange (protestantes) que hay en el Norte.

En toda la isla se encuentran ruinas de iglesias, muchas de las cuales todavía juegan un papel importante.

Las iglesias construidas a ambos lados de la frontera desde el siglo XIX tienden a ser rígidas: edificios altivos, como dedos de granito gris que señalaran al cielo. Pero sus enormes aparcamientos para coches testifican el tamaño de las comunidades de fieles que acuden a ellas.

Arriba: La iglesia de St. Patrick, de la catedral de Irlanda, en Armagh.
Abajo: Un pequeño santuario en el camino en honor de la Virgen María.
Abajo, izquierda: Marcha de la Orden de Orange.

Abajo:
Interior de la
procatedral
católica de
Dublín.

El cristianismo llegó a Irlanda en el siglo IV. La lejanía del país y el terreno difícil atrajeron a numerosos refugiados religiosos cuyas comunidades monásticas y centros de enseñanza establecieron la fama de Irlanda como «nación de santos y eruditos».

La división política de Irlanda y la división religiosa en el Norte son manifestaciones de «los Problemas» que han existido desde hace siglos. El hecho de que Inglaterra y Escocia se apoderaran de las propiedades católicas y fomentaran sucesivos «implantes» de colonos protestantes, alimentaron las llamas de la rebelión.

Pero, en términos cotidianos, la religión se expresa en tradiciones sencillas, ejemplos de ello serían: una anciana que se santigua al cruzar ante un santuario; familiares de un difunto que añaden una cruz junto a la carretera al paso de un funeral en Kilmore Quay, Co Wexford y, en todas partes,conversaciones salpicadas de evocaciones como: «Hoy es un gran día, gracias a Dios».

EL ARGORY

El Argory es una mansión neoclásica de la década de 1820, con un imponente patio en las caballerizas y un jardín con reloj de sol en 121 hectáreas de terrenos boscosos que dominan el río Blackwater. La casa contiene una colección de muebles antiguos y una planta de gas acetileno que todavía ilumina algunas de las habitaciones.

Junto a la B28, a 11 km al oeste de Portadown (tel.: 08687-84753). Abierto: Pascua, 14.00-18.00; mayo, junio y septiembre, fines de semana y fiestas públicas, 14.00-18.00; julio y agosto, diariamente, 14.00-18.00 (cerrado los jueves). Entrada de pago.

CONVENTO DE ARMAGH

En en los terrenos del palacio arzobispal están las ruinas de lo que fue el mayor convento del país, fundado para los franciscanos en 1263 por el arzobispo Patrick O'Scanail.

Killylea Road, Armagh (véanse los establos de palacio, enfrente). Entrada gratuita.

PLANETARIUM DE ARMAGH

Los visitantes experimentan el viaje por el espacio a través de un moderno programa computarizado en el planetarium de la Sala de Astronomía. El teatro ha adquirido fama mundial por sus innovadores «espectáculos de estrellas». También se muestran telescopios y otros instrumentos.

College Hill, Armagh (tel.: 0861-523689). Abierto: lunes a sábado, 14.00-16.45; espectáculos: sábado, 14.00 y 15.00 (espectáculos extra en fiestas públicas). Entrada de pago sólo a los espectáculos.

PARQUE FORESTAL DE GOSFORD

Varios de los paseos que cruzan la antigua heredad del castillo de Gosford, en imitación normando de principios del siglo XIX, fueron creados por Jonathan Swift, autor de *Los viajes de Gulliver*. Las aves de corral corren por los prados y hay palomas ornamentales en un palomar; la propiedad

El jardín del reloj de sol en el Argory.

también incluye un parque de ciervos, un jardín amurallado y un sendero natural.

Gosford Road, Markethill (tel.: 0861-551277). Abierto: diariamente, 10.00-anochecer. Entrada de pago

IGLESIAS DE KILLEVY

Unidas por un tejado común, estas iglesias, una del siglo X y la otra del siglo XIII, están junto a un convento de monjas que sobrevivió desde el siglo V, hasta la Disolución, en 1542. Se cree que su fundadora, santa Monenna (conocida como santa Blinne), está enterrada bajo una losa en el cementerio de la iglesia.

Señalizado junto a la B113, a 6 km al oeste de Newry. Acceso gratuito.

FUERTE NAVAN

Capital de los reyes de Ulster durante mil años, desde el 600 a. de C., este gran fuerte de la Edad de Hierro, conocido como Emhain Mhacha, está asociado con héroes legendarios como el rey Conor y los caballeros de la Rama Roja y Cuchulain, el Sabueso del Ulster. Fue un centro cultural tan importante que Ptolomeo lo incluyó en su atlas mundial del siglo II d. de C.

En la A28, a 1,6 km al oeste de Armagh. Acceso gratuito.

RESERVA NATURAL DE LA ISLA DE OXFORD

Es un paraíso para los observadores de

aves, con 8 km de senderos y zonas de picnic; el centro de visitantes tiene una exposición de vida salvaje, se pueden hacer excursiones en bote y se dan charlas sobre la flora y la fauna de la cuenca del Lough Neagh.
Salida 10 desde la M1, cerca de Lurgan (tel.: 0762-322205). Acceso gratuito.

CENTRO PATRIMONIAL DE LOS ESTABLOS DE PALACIO

Muestra la vida típica en el palacio arzobispal en 1776. Hay establos en funcionamiento, una herrería, demostraciones de producción artesanal, galerías de exposición, zona de juegos, tiendas y un café.
Killylea Road, sudeste de Armagh (tel.: 0861-524052). Abierto: marzo a septiembre, lunes a sábado, 10.00-19.00; domingo, 13.00-19.00; octubre a febrero, lunes a sábado, 10.00-17.00; domingo, 14.00-17.00. Entrada de pago.

PARQUE PEATLANDS

El parque es una importante zona de

Exposición computarizada en el planetarium de Armagh.

conservación, que narra la historia de los páramos donde se obtiene la turba durante un período de 10.000 años. Hay zonas de turba cortada, páramos vírgenes, pequeños lagos y colinas boscosas. Un ferrocarril de vía estrecha, utilizado en un principio para transportar la turba, lleva ahora a los visitantes para impedir la erosión del suelo.
Señalizado desde la salida 13 en la M1, a 11 km al este de Dungannon, Co Tyrone (tel.: 0762-851102). Abierto: diariamente, 9.00-anochecer. El ferrocarril abre de Pascua a septiembre, domingos y fiestas públicas, 14.00-18.00.

MUSEO DE LOS REALES FUSILEROS IRLANDESES

Este museo relata la historia del regimiento, desde 1793 hasta 1968. Las exposiciones incluyen un uniforme de soldado de la guerra Peninsular y una tarjeta de Navidad de 1943 de Adolf Hitler.
Sovereign's House, The Mall East, Armagh (tel.: 0861-522911). Abierto: lunes a viernes, 10.00-13.00, 14.00-16.00. Cerrado: fiestas públicas y bancarias. Entrada gratuita.

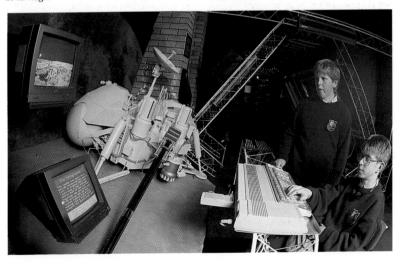

PARQUE FORESTAL SLIEVE GULLION

Una excursión en coche por este parque montañoso y un sendero hasta la cumbre, a 573 m de altura, pasa ante dos monumentos megalíticos y un lago; ofrece extraordinarias vistas del Anillo de Gullion. El centro de visitantes tiene una exposición campestre.

En la B113, a 8 km al sudoeste de Newry (tel.: 06937-38284 o 069384-226). Abierto: Pascua a finales de verano, diariamente, 10.00-anochecer; octubre a diciembre; comprobar horarios con el guardabosque jefe. Entrada de pago.

CO MONAGHAN
CENTRO DE ENCAJES DE CLONES

Aquí se produce el encaje local, que puede comprarse en esta pequeña ciudad de mercado en la frontera con Irlanda del Norte. Tenga cuidado de no pasar por carreteras marcadas como «*Unapproved*», que conducen a cruces fronterizos sin personal fijo.

Clones (tel.: 04715-1051). Abierto: lunes, miércoles y sábado, 9.30-17.00. Entrada gratuita.

MUSEO DEL CONDADO

El museo del condado de Monaghan, situado en una casa de mercado del siglo XVIII ha conseguido premios con las exposiciones que representan 200 años de historia y una cruz procesional de 600 años de antigüedad.

Hill Street, Monaghan (tel.: 047-82928). Abierto: martes a sábado, 11.00-17.00. Cerrado: octubre a mayo, 13.00-14.00. Entrada gratuita.

CO CAVAN
MUSEO POPULAR DE CAVAN

Conocido como la Colección Pighouse, el museo es una cueva de Aladino de delicias y curiosidades del pasado del país, guardadas en tres grandes cobertizos.

Corr House, Cornafean, Cavan (tel.: 049-37428). Abierto: la mayoría de los días, en horarios variables (llame por teléfono). Entrada de pago.

CO FERMANAGH
CERÁMICA BELLEEK

La más antigua cerámica de Irlanda revela las habilidades que producen su exquisita porcelana china y canastillas. Se hacen visitas a la fábrica cada 20 minutos y los visitantes pueden tomarse su tiempo para recorrer el museo, el centro de visitantes y la tienda. El restaurante sirve refrescos en fina vajilla de Belleek (véase pág. 121).

Belleek (tel.: 036565-501). Abierto: marzo a septiembre, lunes a viernes, 9.00-18.00 (hasta las 20.00 en julio y agosto); sábado, 10.00-18.00; domingo, 14.00-18.00; octubre a febrero, lunes a viernes, 9.00-17.00. Visitas a la fábrica: días laborables, 9.30-12.00, 14.15-16.15 (hasta las 15.30 los viernes). Entrada gratuita.

Belleek es famosa por sus cestos de porcelana china.

El esplendor georgiano de Florence Court, en los terrenos de una hermosa propiedad.

PARQUE DEL CASTILLO ARCHIDUCAL

Está en las orillas del Lower Lough Erne y tiene zonas de picnic, paseos, exposiciones al aire libre de historia natural y de maquinaria agrícola y una exposición sobre la Batalla del Atlántico, durante la Segunda Guerra Mundial. Se dispone de excursiones en pony, alquiler de botes y de bicicletas. Hay un castillo en ruinas en los bosques de los alrededores y en el centro de deportes acuáticos hay lanzadores y rampas de deslizamiento para lanchas rápidas que se usaron durante la guerra (véase pág. 121).

Junto a la B82, a 6 km al sur de Kesh (tel.: 0365-22711). Entrada gratuita.

CASTILLO COOLE

El más majestuoso de los castillos del National Trust en el norte de Irlanda, el castillo Coole se terminó de construir en 1798. Fue diseñado por James Wyat y construido para los condes de Belmore. La mansión tiene una imponente fachada palladiana y en su interior hay exquisitos muebles y enlucidos.

En la A4, a 1,6 km al sudeste de Enniskillen (tel.: 0365-322690). Abierto: Pascua, mayo y septiembre, fines de semana, 14.00-18.00; junio a agosto, diariamente, 14.00-18.00 (excepto jueves). Entrada de pago. El acceso a los terrenos es gratuito.

ISLA DEVENISH

Contiene amplias ruinas monásticas y la torre redonda más perfecta de Irlanda. Las ruinas más antiguas y la torre datan del siglo XII, pero el monasterio fue fundado por san Molaise, que murió en el 563, y siguió siendo un centro religioso importante hasta el siglo XVII (véase pág. 121).

Se llega por ferry desde Tory, a 3 km al norte de Enniskillen en el cruce de la A32 y la B82.

FLORENCE COURT

Una de las mansiones del siglo XVIII más importantes del Ulster, Florence Court fue construida por los condes de Enniskillen. La mansión es famosa por su extravagante rococó y sus exquisitos muebles. El bosque que la rodea contiene un viejo tejo irlandés, que se dice es la madre de todos los tejos irlandeses (véase pág. 121).

A 13 km al sudoeste de Enniskillen, desde la A4 (tel.: 0365-82249). Abierto: Pascua, mayo y septiembre, fines de semana, 13.00-18.00; junio a agosto, diariamente, 13.00-18.00 (excepto martes). Entrada de pago.

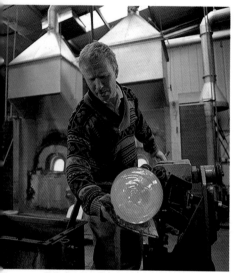

Fabricación de cristal en Tyrone Crystal, famosa por su exquisito cristal tallado.

PARQUE FORTHILL

Este parque urbano hermosamente cuidado tiene un monumento imponente que conmemora al general sir Galbraith Lowry-Cole, uno de los generales de Wellington. Construido en 1857, el monumento muestra al general blandiendo un sable y se pueden subir sus 108 escalones para contemplar Enniskillen a vista de pájaro.

Al sudeste de Enniskillen (tel.: 0365-325050/323110). Acceso gratuito. El monumento está abierto de mayo a septiembre, lunes a viernes, 16.00-18.00, fines de semana, 14.00-18.00. Entrada de pago.

BOSQUE LOUGH NAVAR

En el bosque hay venados y cabras silvestres, y un escarpado camino en zigzag, parte del Camino Ulster, que conduce hasta un lugar desde donde se contempla uno de los mejores panoramas de Irlanda, con vistas sobre el Lough Erne y los condados de Donegal y Sligo.

Señalizado junto a la A46, a 8 km al oeste de Derrygonnelly (tel.: 036564-256). Abierto: diariamente, 10.00-anochecer. Entrada de pago.

CUEVAS MARBLE ARCH

Uno de los mejores sistemas de cuevas de toda Europa que se puede visitar en bote eléctrico y a pie, en una exploración guiada de 75 minutos de duración por ríos subterráneos, cascadas, pasajes tortuosos y enormes cámaras con impresionantes formaciones de estalagmitas y estalagtitas. Más de 300 millones de años de historia se contemplan aquí entre extraños paisajes de abismos y valles. Lleve un calzado cómodo y un suéter para abrigarse, ya que puede hacer bastante frío. El centro de visitantes tiene una zona de exposición, un teatro audiovisual, restaurante y tienda (véase pág. 121).

A 9 km de Enniskillen, siguiendo la A4 (carretera de Sligo) y la A32, cerca de Florence Court (tel.: 0365-828855). Abierto: marzo a septiembre, lunes a sábado, 11.00-17.00; domingo, 11.00-18.00. Los horarios de cierre pueden variar. Entrada de pago.

MUSEO DE LOS REALES FUSILEROS DE INNISKILLING

Uniformes de brillantes colores y armas muestran la historia de este famoso regimiento, expuestos en el castillo medieval de Enniskillen, sede de los Maguire. Entre las piezas se incluyen trofeos de las batallas napoleónicas, estandartes y medallas, instrumentos musicales y la corneta que hizo sonar la señal de lanzarse a la carga en la batalla del Somme, en 1916 (véase pág. 120). En el castillo también está el Museo del Condado de Fermanagh, con piezas sobre el paisaje y las gentes de Fermanagh.

Castle Keep, Castle Barracks, Enniskillen (tel.: 0365-325000). Abierto: martes a viernes, 10.00-17.00, sábado a lunes, 14.00-17.00. Cerrado los fines de semana en invierno. Entrada de pago.

CO TYRONE
GRANJA ABIERTA DE ALTMORE

Los visitantes aprenden la historia de las regiones de las montañas Sperrin y ven crías raras de animales de granja y aves de corral en esta propiedad de 71 hectáreas. En verano se hacen excursiones en pony y pesca.

32 Altmore Road, Pomeroy (tel.: 08687-58977). Entrada de pago.

CRUZ DE ARDBOE

En la orilla oeste del Lough Neagh se encuentra una de las cruces altas más exquisitas del norte de Irlanda, marcando el lugar donde hubo un monasterio. De más de 5 m de altura, esta cruz del siglo X muestra a cada lado escenas del Antiguo y el Nuevo Testamento.

Lough Neagh, junto a la B73. Acceso gratuito.

CÍRCULOS DE BEAGHMORE

Beaghmore es un notable yacimiento prehistórico como no hay otro igual en Irlanda. Compuesto por siete círculos de piedra de la Edad del Bronce en una compleja zona ceremonial, fueron descubiertos bajo una capa de turba, y sus orígenes y propósito son desconocidos.

Señalizado desde la A505, entre Cookstown y Fortin. Acceso gratuito.

HOGAR ANCESTRAL DE LOS GRANT

John Simpson, tatarabuelo de Ulysses S. Grant, decimoctavo presidente de Estados Unidos, nació en Ballygawley en 1738 y emigró a Pennsylvania en el año 1760. La granja de dos habitaciones, con techo de paja, y el adjunto centro del visitante, tienen un programa audiovisual y piezas de la vida rural.

Dergina, Ballygawley (tel.: 066252-7133). Abierto: Pascua y mayo a septiembre, martes a sábado, 10.00-18.00; domingo, 14.00-18.00. Entrada de pago.

TYRONE CRYSTAL

Los visitantes pueden recorrer la fábrica y observar las diversas fases: soplado, marcado, cortado y terminado, en el proceso de producción de cristal fino.

Killybrackey, Coalisland Road, Dungannon (tel.: 08687-25335). Abierto: lunes a sábado, 9.30-15.30 (tienda, de 9.00 a 17.00). Entrada gratuita.

PARQUE POPULAR AMERICANO DEL ULSTER

Este museo al aire libre muestra las relaciones de estadounidenses famosos con sus antepasados del Ulster, desde Davy Crockett hasta un arzobispo de Nueva York, incluidos un puñado de presidentes de Estados Unidos. Los datos sobre la emigración del siglo XIX se indican gráficamente en la Galería de Barcos y Muelles, donde se reproducen los olores y sonidos de un atestado barco de emigrantes. Las exposiciones muestran cómo era la vida a ambos lados del Atlántico.

Camphill, a 5 km al norte de Omagh, en la A5 (tel.: 0662-243292). Abierto: Pascua a septiembre, lunes a sábado, 11.00-18.30; domingo, 11.30-19.00; octubre a Pascua, lunes a viernes, 10.30-17.00. Última entrada 90 minutos antes del cierre. Entrada de pago.

PARQUE HISTÓRICO DEL ULSTER

El Parque Histórico del Ulster presenta la historia humana del Ulster, desde la llegada de los colonos primitivos en el 7000 a. de C. hasta finales del siglo XVII, con reconstrucciones de casas de la Edad de Piedra y de torres redondas.

A 11 km al norte de Omagh, en la carretera B48 (tel.: 0662-648188). Abierto: Pascua a septiembre, lunes a viernes, 11.00-18.00; sábado, 11.00-19.00; domingo, 13.00-19.00; octubre a prePascua, lunes a viernes, 11.00-17.00. La última entrada es una hora antes del cierre. Entrada de pago.

MOLINO BATANERO DE WELLBROOK

Un molino de agua del siglo XVIII, restaurado por el National Trust, demuestra el bataneo, proceso final en el que se martillea el lienzo para darle su lustre característico.

Junto a la A505, a 6,5 km al oeste de Cookstown (tel.: 06487-51735). Abierto: Pascua, mayo, junio y septiembre, fines de semana y fiestas públicas, 14.00-18.00; julio a agosto, diariamente, 14.00-18.00 (cerrado los martes). Entrada de pago.

HOGAR ANCESTRAL DE LOS WILSON

Esta sencilla casa enjalbegada de techo de paja situada en las montañas Sperrin fue el hogar del abuelo de Woodrow Wilson, presidente de Estados Unidos. Todavía contiene algunos muebles originales.

Dergalt, Strabane. Para entrar, acuda a la granja moderna. Entrada de pago.

Todavía se emplean métodos tradicionales para producir exquisita cerámica en Donegal.

CO DONEGAL
CASTILLO DE DONEGAL

Cerca del centro de la ciudad, esta casa fortificada data del siglo XV, pero fue ampliamente reconstruida a principios del siglo XVII, cuando se incorporó a una estructura jacobita por sir Basil Brooke.

Tirchonaill Street, Donegal (tel.: 073-22405). Abierto: mediados de junio a septiembre, diariamente, 9.30-18.30. Entrada de pago.

MUSEO DEL CONDADO DE DONEGAL

En esta espaciosa galería se exponen artefactos que datan de la Edad de Piedra hasta la época del ferrocarril de Donegal.

High Road, Letterkenny (tel.: 074-24613). Abierto: martes a viernes, 11.00-16.30; sábado, 13.00-16.30.

PORCELANA CHINA MATE DE DONEGAL

Una visita de 15 minutos por la fábrica ofrece al visitante una idea sobre los métodos tradicionales empleados para producir esta porcelana china. También se pueden comprar productos a precios de fábrica.

Ballyshannon (tel.: 072-51826). Abierto: mayo a septiembre, lunes a sábado. Entrada gratuita.

MONTAÑA ERRIGAL

Errigal es el pico más alto de Donegal, con 750 m de altura. Se dice que es una ascensión fácil; otros afirman que subir por la ladera cubierta de cantos rodados, hasta un pico casi perpendicular, puede ser muy aterrador, pero todos están de acuerdo en que la vista desde la cumbre es extraordinaria. En un día claro se pueden ver las montañas escocesas y los picos de Connacht.

Parque Nacional Glenveagh. Gratuito.

PUEBLO TÍPICO

El pueblo típico muestra un grupo de tres casas de campo de estilo tradicional

Geble House contiene la amplia colección de arte de Derek Hill, que regaló a la nación.

que abarcan tres siglos, cada una de ellas amueblada según el período que representa (1720, 1820 y 1920).

Glencolumbkille (no hay teléfono). Abierto: Pascua a septiembre, lunes a sábado, 10.00-20.00; domingo, 12.00-15.00. Entrada de pago.

GALERÍA GLEBE

La Galería Glebe contiene la colección de arte de Derek Hill, pintor paisajista y de retratos, que trabajó aquí hasta 1954. En 1981 regaló a la nación la casa y la colección, que incluye obras de Picasso y Renoir.

A la orilla del Garton Lough, en el parque Glenveagh (tel.: 074-37071). Abierto: semana de Pascua y finales de mayo a principios de octubre, martes a sábado, 11.00-18.30; domingo, 13.00-18.30. Entrada de pago.

PARQUE NACIONAL Y CASTILLO DE GLENVEAGH

Glenveagh es uno de los últimos lugares de Irlanda en haber sido influido por el hombre. El centro de visitantes presenta la historia natural de este parque de 9.600 hectáreas, compuesto por marismas montañosas, lagos y bosques. El castillo se levanta en un lugar espectacular, rodeado de gloriosos jardines. Hay senderos naturales, y uno de los dos últimos rebaños de ciervos rojos de Irlanda vive en el parque.

Church Hill, Letterkenny (tel.: 074-37088/37262). Abierto: Pascua a finales de octubre, diariamente, 10.30-18.30. Cerrado: lunes en abril y octubre.

IONAD COIS LOCHA

Este centro junto a la orilla del Dunlewy Lough demuestra la experiencia Gaeltacht (zonas de habla irlandesa) y tiene una casa-telar reconstruida con un centro explicativo. Desde aquí se hacen excursiones en barca, una visita por la granja y se visita una exposición de antiguas herramientas.

Dunlewy, a 12 km del Parque Nacional Glenveagh (tel.: 075-31699). Abierto: de junio a septiembre, lunes a sábado, 11.30-18.00; domingo, 12.30-19.00.

MOLINO DE TULLYARVIN Y CENTRO CULTURAL Y EXPOSICIÓN

Recientemente convertido a partir de un molino de grano del siglo XIX, el centro de visitantes tiene un museo textil, muestras de vida salvaje, taller y tienda de artesanía y cafetería.

Buncrana, Inishowen (tel.: 077-61613). Abierto: junio a septiembre. Entrada de pago.

CO LONDONDERRY
CENTRO DE FERROCARRIL DEL VALLE DEL FOYLE

El centro muestra la historia regional del ferrocarril y los sistemas de vía estrecha del Co Donegal Railway y del Londonderry & Lough Swilly Railway.

Foyle Road, Derry (tel.: 0504-265234). Abierto: mayo a septiembre, martes a sábado, 10.00-17.00; domingo, 14.00-18.00; mayo a septiembre, excursiones en tren los sábados y domingos por la tarde. Entrada de pago.

PARQUE DEL VALLE DEL ROE

Aquí se muestra la primera central de energía hidroeléctrica doméstica del Ulster, inaugurada en 1896, y de la que se ha conservado buena parte de su equipo, junto con antiguos molinos de agua para la producción de lienzo. Entre las actividades se incluyen el piragüismo, escalada de rocas, pesca y paseos junto al río.

Junto a la B192, a 1,6 km al sur de Limavady (tel.: 05047-22074). Abierto: centro de visitantes, diariamente, 9.00-17.00 (hasta las 21.00 en julio y agosto); aparcamiento siempre accesible. Entrada gratuita.

CATEDRAL DE ST. COLUMB

Las vidrieras muestran escenas heroicas del gran asedio de Derry (1688-1689). Un programa audiovisual cuenta la historia del asedio y bosqueja la historia de la catedral.

Bishop Street Within, Derry (tel.: 0504-262746). Abierto: lunes a sábado, 9.00-13.00, 14.00-17.00. Entrada de pago.

CO ANTRIM
CENTRO ANDREW JACKSON

Los padres del séptimo presidente de Estados Unidos emigraron desde Carrickfergus en 1765. En esta casa de campo del siglo XVIII estuvo su casa original y tiene vivienda, almacenes y establos. Exposiciones gráficas y un vídeo muestran los antecedentes de la emigración de los irlandeses del Ulster a Estados Unidos.

A 1,6 km al norte de Carrickfergus Castle (tel.: 09603-51604). Abierto: mayo a octubre, lunes a viernes, 10.00-13.00, 14.00-18.00; fines de semana, 14.00-18.00. Entrada de pago.

CASTILLO DE CARRICKFERGUS

Es el castillo normando mejor conservado y más grande del norte de Irlanda y fue iniciado por John de Courcy en 1180.

Figuras en el castillo de Carrickfergus.

Piedra de St. Columb, en Derry.

Se muestra una exposición sobre la vida en el castillo a lo largo de su historia.

Carrickfergus (tel.: 09603-51273). A-bierto: abril a septiembre, lunes a sábado, 10.00-18.00; domingo, 14.00-18.00; octubre a marzo, lunes a sábado, 10.00-16.00; domingo, 14.00-16.00.. Entrada de pago.

PARQUE SAFARI

En el parque safari hay leones en libertad y otros animales salvajes. Entre las atracciones se incluye una zona de cultivo, un minizoo y un parque de atracciones. El parque granja Leslie Hill se encuentra a 16 km del parque safari.

28 Benvarden Road (B67), Ballymoney (tel.: 02657-41474). Abierto: Pascua, mayo y septiembre, fines de semana, 10.30-19.00; junio a agosto, diariamente, 10.30-19.00. Entrada de pago.

MUSEO DEL PARQUE-GRANJA FORD

Los visitantes pueden observar la vida campesina tradicional en este pequeño museo familiar situado en una antigua granja. Hay redes de pesca, y utensilios de labranza, y se demuestra la fabricación de mantequilla e hilado de la lana.

8 Low Road (B90), Island Magee (tel.: 09603-53264). Abierto: 14.00-19.00 (excepto día de Navidad). Entrada de pago.

CALZADA DE LOS GIGANTES Y CENTRO

Lugar declarado Patrimonio de la Humanidad, la Calzada está compuesta por unas 40.000 columnas hexagonales de basalto que constituyen un capricho de la naturaleza. Se han instalado paneles informativos en cuatro senderos señalizados para ayudar a los visitantes a interpretar las asombrosas formaciones. El centro de visitantes del National Trust ofrece gran información sobre la geología, flora y fauna de la región, así como sobre historia local.

Port-na-Spaniagh, un corto paseo al este de la Calzada, es el lugar donde se hundió el *Girona* con el tesoro de la Armada española.

Causeway Head, a 3 km al norte de Bushmills, en la B146 (tel.: 2657-31582). El acceso a la Calzada es gratuito (diariamente sale un minibús con acceso a silla de ruedas desde el centro de visitantes, del 17 de marzo a octubre; se aceptan donaciones). El centro abre de julio a agosto, diariamente, 10.00-19.00 (se cierra antes el resto del año). Entrada de pago para el aparcamiento, el programa audiovisual y la exposición estática.

DESTILERÍA OLD BUSHMILLS

Establecida en 1608, Bushmills es la más antigua destilería del mundo con licencia. Los visitantes efectúan una visita con guía de una hora para ver cómo se produce el famoso whiskey, y son recompensados con una cata.

Distillery Road, Bushmills (tel.: 02657-31521, departamento de visitas). Abierto: lunes a jueves, 9.00-12.00, 13.30-15.30; viernes, 9.00-11.45. Entrada de pago.

Milla Dorada de Belfast

La zona situada entre Donegall Square y Shaftesbury Square es conocida como la Milla Dorada, aunque en realidad abarca menos de media milla y el adjetivo debe más al éxito comercial que al aspecto. A pesar de todo, esta animada parte de la ciudad está llena de interés. *Calcule una hora y media.*

Empiece en Donegall Square.

1. DONEGALL SQUARE

Cerca:

5 *Real Institución Académica de Belfast*

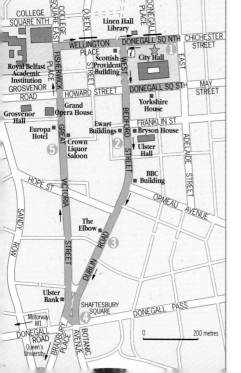

Los lados oriental y occidental de la plaza forman la parada término para los autobuses urbanos. La propia plaza está dominada por el enorme Ayuntamiento (véase pág. 97), y rodeada por las estatuas de personajes cívicos, incluida la de sir Edward Harland, fundador de los astilleros Harland and Wolff. La reina Victoria mira altivamente hacia Donegall Place. El número 17 de Donegall Square North es la Biblioteca Linenhall, antiguo almacén de lienzos; observe el lienzo esculpido sobre el porche. El Scottish Provident Building, en Donegall Square West, otro edificio enorme, está decorado con telares, barcos, ruecas y cuerdas, símbolos de las industrias tradicionales de Belfast. Yorkshire House, en el número 10 de Donegall Square South, muestra las cabezas esculpidas de Homero, Shakespeare, Schiller, Miguel Ángel y George Washington.

En la esquina sudoccidental de la plaza, siga por Bedford Street.

2. BEDFORD STREET

En el siglo XIX fue el centro de la industria urbana del lino y la calle estuvo dominada por almacenes. Entre los supervivientes están los palaciegos edificios Ewart (números 7-17) y la casa Bryson en el número 28, de estilo veneciano. Ulster Hall, inaugurada en 1861, pretendió destinarse para las grandes ocasiones sociales, pero se convirtió en punto central para los

Construido en estilo clásico, la cúpula del Ayuntamiento se asemeja a la de la catedral de San Pablo, en Londres.

mítines políticos del siglo XIX dirigidos por personajes como Lloyd George y Charles Stewart Parnell. Al final de la calle está el edificio de la BBC y una fuente levantada como monumento a un médico del siglo XIX que murió tras haber prestado innumerables servicios en el Hogar para los Incurables.

Tome a la derecha, por Dublin Road.

3. DUBLIN ROAD

La calle empieza con una gran abundancia de tiendas de muebles y termina con tiendas que venden libros de lance, sellos y grabados. En el número 49, frente al departamento de relaciones públicas del Ejército de Salvación, está The Elbow, un pub popular, con un ambiente íntimo y elegante.

Continúe por Shaftesbury Square.

4. SHAFTESBURY SQUARE

Señala el principio del barrio estudiantil de Belfast; la Queen's University está cerca (véase pág. 98), con multitud de pequeñas tiendas y buenos lugares para comer. Formada por la conjunción de seis grandes vías, es el equivalente en Belfast de Piccadilly Circus o de Times Square. Las dos figuras supinas que decoran la fachada del Ulster Bank son conocidas localmente como «Giro» y «Sobregiro». Junto a la oficina de correos, en el lado oriental, está Donegall Pass, una de las seis anchas avenidas trazadas a través de la propiedad del siglo XVII del tercer conde de Donegall.

Desde el lado occidental de Shaftesbury Square, camine al norte a lo largo de Great Victoria Street.

5. GREAT VICTORIA STREET

En otro tiempo zona residencial de moda, es actualmente una vía comercial que está siendo reurbanizada. Se compone principalmente de tiendas de discos, librerías de libros de lance, tiendas de caridad y restaurantes étnicos. Sus estrellas, sin embargo, son el Crown Liquor Saloon y la Gran Casa de la Ópera, la primera enfrente y la segunda a lo largo del Europa Hotel. Construido hacia 1885, el Crown es un despilfarro de brillantes y lujosas baldosas, cristal pintado y paneles de madera todo ello íntimamente iluminado por lámparas de gas y restaurado por el National Trust.

La Gran Casa de la Ópera, otra restauración reciente, fue inaugurada en 1895 y ahora presenta un programa muy variado (véase pág. 98).

Continúe por Fisherwick Place, luego por College Square East, gire a la derecha por Wellington Place para completar el paseo de regreso a Donegall Square North.

Zona comercial de Belfast

El centro de la ciudad, al norte de Donegall Square, es la principal zona comercial de Belfast, con numerosos grandes almacenes. Peatonalizada en gran medida por razones de seguridad, posee algunas calles laterales fascinantes y misteriosas, aunque no amenazadoras. *Calcule una hora y media.*

Empiece en Donegall Square North y continúe hacia el norte, a lo largo de Donegall Place.

Cerca:

❶ *Biblioteca de Linen Hall*

❶ *Ayuntamiento*

1. DONEGALL PLACE

La prosperidad victoriana de Belfast se ve reflejada en la arquitectura sólida y ornamentada de los edificios de oficinas y tiendas de Donegall Place. Notables ejemplos son el edificio de

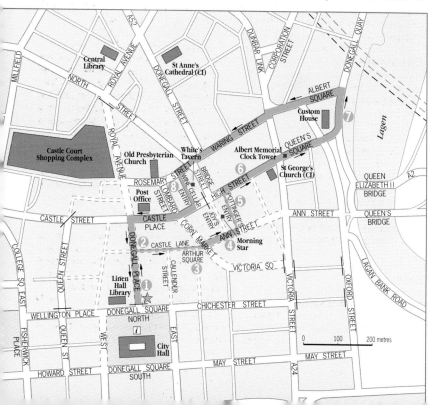

piedra arenisca rosada de Marks & Spencer, un almacén de telas cuando fue erigido en 1869, y las cúpulas de cobre de la antigua tienda Robinson and Cleaver, con una fachada tallada que representa a algunos de los clientes más distinguidos de la empresa.

Gire a la derecha por Castle Lane.

2. CASTLE LANE

A medio camino de esta agradable calle peatonalizada, a la derecha, está Callender Street, que fue el lugar principal donde se planchaba, pesaba y empacaban las telas a finales del siglo XVIII. *Callendering* se llama el proceso de suavizado que da su lustre final al lino.

Continúe por Arthur Square.

3. ARTHUR SQUARE

La plaza más antigua de la ciudad recibe su nombre por sir Arthur Chichester, el aventurero isabelino que en 1603 recibió Belfast como recompensa por haber derrotado al gran Hugh O'Neill. Con su templete de música, reloj y actores ambulantes, la plaza es actualmente un lugar de relajación para los que salen de compras.

Cruce la plaza directamente y entre en Ann Street.

4. ANN STREET

Ann Street permite echar un vistazo al Belfast del siglo XIX, cuando la mitad de las calles de la ciudad eran pequeñas plazas y estrechos callejones. Media docena de éstos pueden verse todavía a la izquierda. Joy's Entry lleva el nombre de la familia que publicó el primer periódico de Gran Bretaña, el *Belfast News Letter*, en 1737.

Gire a la izquierda por Pottinger's Entry.

5. POTTINGER'S ENTRY

Fue un lugar de moda en la década de 1820, cuando hubo aquí hasta 34 casas. En la actualidad contiene el Morning Star, uno de los bares salones clásicos de Belfast, con sus ventanas de cristal escarchado y su pulido interior de caoba y latón.

Gire a la derecha por High Street.

6. HIGH STREET

En la esquina de High Street y Victoria Street está la imponente iglesia protestante de St. George, terminada en 1816. Su espléndido pórtico procedió de una casa palaciega que debía ser el hogar de Frederick Hervey, conde obispo de Derry, pero al morir éste la casa fue desmantelada y el pórtico se trasladó al de St. George. La cercana Torre del Reloj, del monumento a Albert, se inclina aproximadamente 1,3 m con respecto a la vertical, como consecuencia de unos cimientos deficientes. La torre fue levantada en 1865 y la inclinación ya se notó en 1901.

Cruce Victoria Street hasta Queen's Square y por Donegall Quay.

7. DONEGALL QUAY

El gran edificio de aspecto italiano que domina el río es la Custom House, construida entre 1854 y 1857 por sir Charles Lanyon, arquitecto de muchos de los edificios victorianos de Belfast. En el lado del mar, y desde un frontón esculpido, están las figuras de *Britania*, *Mercurio* y *Neptuno*.

Desde Donegall Quay gire a la izquierda por Albert Square y continúe por Waring Street. Cruce Bridge Street hacia Rosemary Street y gire a la izquierda por Wine Cellar Entry.

8. WINE CELLAR ENTRY

Aquí está la White's Tavern, el pub más antiguo de la ciudad, inaugurado en 1630 y reconstruido en 1790. Una chimenea encendida y un ambiente lujoso contribuyen a ofrecer una atmósfera de bienvenida.

Continúe por High Street, girando a la derecha por Castle Place. En Donegall Place gire a la izquierda para regresar al punto de partida del paseo.

2-3-4 Feb

Lagos de Fermanagh

Fermanagh es una zona de asombrosa belleza, con lagos y montañas, islas misteriosas y enigmáticas alusiones a un pasado pagano. *Calcule un día.*

Empiece por Enniskillen.

1. ENNISKILLEN

Enniskillen está a caballo sobre el río Erne, que conecta el alto y el bajo Lough Erne. Watergate, parte del viejo castillo, alberga ahora el Museo del Condado y el Museo Regimental de los Reales Fusileros de Inniskilling (véase pág. 110). Oscar Wilde y Samuel Beckett fueron antiguos alumnos de la escuela Portora Royal.

Desde el pueblo de Trory, a 3 km al norte de Enniskillen, un

Cerca:

4 *Bosque de Lough Navar*

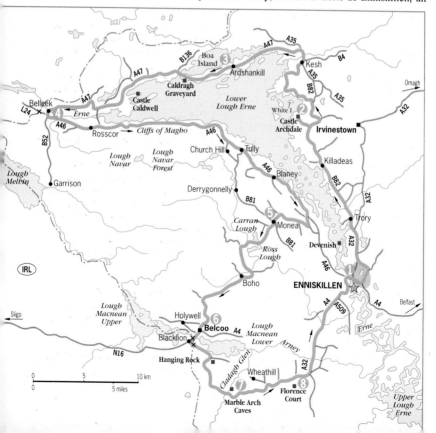

ferry cruza hasta la isla Devenish (véase pág. 109).

Tome la A32 durante 3 km, luego la B82 durante otros 11 km, y salga para ir al castillo de Archdale.

2. CASTILLO DE ARCHDALE

El paseo marítimo, el camping para caravanas y el albergue de juventud pueden convertir este en un lugar ajetreado, pero en el parque campestre de los alrededores se encuentra tranquilidad. La propiedad posee un parque de mariposas, un arboretum y crías raras de animales de granja. En el bosque pueden verse las ruinas de un viejo castillo, arrasado en 1689 (véase pág. 109).

A White Island, con extrañas figuras de piedra en una iglesia en ruinas, se puede llegar en bote desde el castillo de Archdale.

Gire a la izquierda por la B82 y después de 3 km deje la carretera B y siga la ruta paisajística durante 6 km hasta Kesh, para luego girar a la izquierda por la A35 a lo largo de 1,5 km antes de tomar la A47 y recorrer otros 13 km hasta Boa Island.

3. BOA ISLAND

Hacia el extremo más alejado de la isla, busque el cartel indicador de Caldragh Graveyard, a la izquierda. Aparque en la cuneta y prepárese para un realizar un trayecto de un km, posiblemente con barro. Al final del sendero de cemento hay un viejo cementerio cubierto de vegetación, que contiene dos extrañas figuras de piedra entre lápidas descuidadas. Un Jano de doble rostro sonríe hacia un lado y mira ceñudo hacia el otro, y una pequeña figura encorvada mira de un modo malicioso. Ambas figuras evocan ecos de la Irlanda precristiana.

Continúe por la A47 hasta Belleek, a 16 km.

4. BELLEEK

Belleek, pueblo fronterizo, es famoso por su exquisita porcelana china de cestos (véase pág. 108).

Siga la A46 hacia Enniskillen y después de 33 km gire a la derecha y siga los carteles que indican a Monea.

5. MONEA

Monea es un castillo en ruinas del siglo XVII, construido por «plantadores» venidos de Escocia. Fue capturado por los irlandeses en 1641 y abandonado en 1750. En la marisma que hay delante de Monea puede verse un antiguo *crannog* o vivienda lacustre.

Gire a la izquierda al dejar Monea, de nuevo a la izquierda hacia Enniskillen. Gire a la derecha, siguiendo los carteles que indican a Boho, a 8 km, y luego gire a la derecha hacia Belcoo.

6. BELCOO

Famosa por su pesca de primera, Belcoo está entre el alto y el bajo Lough Macnean. Al norte del pueblo está Holywell, un santuario para peregrinos.

Cruce a la República por Blacklion para recorrer una corta distancia y luego cruce de regreso a Irlanda del Norte. Siga la orilla sur del bajo Lough Macnean. Gire a la derecha por Marlbank Scenic Loope y recorra 5 km hasta Marble Arch.

7. CUEVAS DE MARBLE ARCH

Botes eléctricos hacen un recorrido por este espectacular sistema subterráneo de cavernas y abismos. Hay un excelente centro del visitante y los alrededores son hermosos (véase pág. 110).

Gire a la izquierda, luego a la derecha y recorra 6 km hasta Florence Court.

8. FLORENCE COURT

Florence Court, una amplia mansión anglo-irlandesa, fue construida a mediados del siglo XVIII y recibió el nombre en honor de una nueva esposa inglesa (véase pág. 109).

Regrese a Enniskillen por la A32 y también por la A4.

Las leyendas y los Enanos

Por toda Irlanda pueden verse puertas de entrada a las granjas entre recias columnas de piedra con casquetes cónicos. Las entradas tienen esta forma (¿quién lo diría?) para desanimar a los Enanos y evitar que se sienten en ellas durante demasiado tiempo. Al mismo tiempo, nadie desea ofenderlos perturbando un pequeño túmulo en un campo, donde se cree que viven, ya que eso podría producir terribles desastres.

Tampoco se debe molestar nunca al espino o árbol del hada, ya que eso trae mala suerte, probablemente puede aparecer en forma de enfermedad que afecta al ganado.

Irlanda se halla impregnada de superstición y folklore, transmitidas a lo largo de generaciones. Se teme mucho a las hadas que anuncian la muerte, y algunas familias

Los legendarios niños de Lir, condenados a vivir como cisnes.

parecen obsesionadas por este hada que gime y es insistente cuando la muerte es inminente.

Los duendes o pequeños hombres vestidos con túnicas verdes, tienen fama de sentarse bajo los árboles, reparando zapatos de hadas. De estos duendes, llamados «trasgos enanos» por el *Diccionario de Oxford*, se dice que poseen una vasija llena de oro. Cualquier mortal que sea capaz de mirarlo fijamente, consigue la vasija, pero si vacila un solo instante, el tesoro desaparece.

Una de las leyendas más conocidas se refiere a los cuatro niños de Lir, cuya celosa madrastra los convirtió en cisnes durante 400 años. La sentencia ya se ha cumplido y los cuatro murieron como humanos muy viejos, pero incluso ahora es ilegal matar cisnes.

Se cuentan historias de héroes legendarios, como Cuchulain, el Sabueso del Ulster, que rechazó a un ejército invasor él solo, con su jabalina.

El trébol irlandés de la suerte aparece cuando el día de San Patricio se celebra a lo largo de todo el mundo. San Patricio lo usaba para ilustrar la historia de la Santísima Trinidad.

En un país de leyenda y superstición es muy adecuado que el University College de Dublín cuente con un Departamento de Folklore, donde una enorme colección de documentos, imágenes y cintas registran cada aspecto del tema.

ALEJARSE DE TODO

«*Oh, Irlanda, ¿no es grandioso tu aspecto, como una novia en sus ricos adornos? Y con todo el amor encendido de mi corazón afirmo que superas a la mañana.*»

JOHN LOCKE, 1847-1889

PLAYAS

La mayoría de la gente que conoce bien Irlanda dirá que el simple hecho de estar allí es haberse alejado de todo. El país ofrece una atmósfera generalmente tan indolente que pocos visitantes deberían preocuparse por eso durante demasiado tiempo. Quienes busquen soledad quizá tengan que viajar un poco más que el resto, pues los irlandeses son un pueblo gregario, pero los lugares tranquilos abundan.

No hay escasez de playas a lo largo de la costa de Irlanda. Muchas son tan hermosas como las que se encuentran en cualquier otra parte del mundo, desde largos trechos de dunas desiertas, hasta calas íntimas entre las rocas.

LEINSTER

Cerca de Dublín, comunicadas por el sistema DART, Dalkey y Killiney son lugares atractivos para una excursión de medio día. Dalkey tiene calles estrechas y casas elegantes. Durante el verano se pueden realizar viajes en barco a la isla Dalkey, que tiene un santuario de aves y una torre Martello. Killiney, situada en una majestuosa bahía, con excelentes villas, espléndidos jardines y dos montañas tipo Pan de Azúcar, suele compararse con la bahía de Nápoles.

Courtown, Co Wexford, en un pequeño pueblo portuario a unos 40 km al norte de la ciudad de Wexford. Su playa arenosa de 3 km, diversiones y campo de golf la convierten en un lugar popular para las vacaciones familiares. También en Co Wexford está Kilmore Quay, a unos 19 km al sudoeste de Rosslare, y es un bonito pueblo de pescadores con playas excelentes.

MUNSTER

Ardmore, Co Cork, es un encantador lugar turístico con una buena playa situada en la base de un acantilado. A unos 21 km al sudoeste de Dungarvan, tiene unas impresionantes ruinas monásticas, rodeadas por una torre redonda casi intacta.

Los observadores de aves se sentirán atraídos por Castlegregory, Co Kerry, en la costa occidental de la bahía de Tralee. Las playas son extraordinarias y en el cercano santuario de aves de Lough Gill se han registrado muchas especies insólitas, como los cisnes de Bewick.

Dunmore East, Co Waterford, es un pueblo delicioso de casas de campo con techos de paja y afables pubs, así como pueblo de pescadores. Se halla situado a 16 km de Waterford y sus playas arenosas están protegidas por arrecifes de color rosado.

Lahinch es el lugar turístico más ajetreado de Co Clare, aunque sigue habiendo mucho espacio a lo largo de su espléndida playa, así como en las cercanas dunas. Aquí es bueno el surfing y hay un campo de golf de campeonato.

Courtown Bay, popular entre las familias, con una excelente extensión de arena de 3 km.

Las playas de Irlanda son tan hermosas como cualesquiera otras del mundo. Esta está en Dingle.

CONNACHT

A unos 100 km al noroeste de la ciudad de Galway, Roundstone es un pueblo bonito y relajante situado al borde de una bahía, que se ha convertido en lugar muy visitado en verano. Colonizado primero por pescadores escoceses del siglo XIX, hoy es una comunidad de artistas y artesanos cuyas tiendas se pueden visitar.

Spiddal, a 19 km al oeste de Galway, tiene una playa que recibe un nombre adecuado, Silver Strand, o franja de plata. Se obtiene buena pesca en la costa y en verano se celebran animadas carreras entre *currachs*, los tradicionales botes a vela.

A ocho km al oeste de Sligo, Strandhill es un lugar favorito para los campeonatos de surfing. Quienes prefieran aguas más tranquilas pueden acudir a Culleenamore, a la vuelta de la esquina, en bahía Ballysadare.

ULSTER

Se encuentra junto a una hermosa playa en el Lough Swilly, Rathmullen, en Co Donegal, tiene un priorato arruinado del siglo XVI, y un centro informativo. También es el lugar donde se inicia la excursión Fanad, con más playas maravillosas, así como corrientes de agua dulce, lagos y montañas.

Cushendun, Co Antrim, se construyó al estilo de un pueblo de Cornualles, un tributo de lord Cushendun a su esposa de Cornualles. Hay una buena playa y desde la cercana Torr Head se puede ver el Mull de Kintyre, en Escocia.

Newcastle, Co Down, es donde «las montañas de Mourne se deslizan hacia el mar». Es un lugar tradicional y popular, con una magnífica playa de arena. Dominando la ciudad está el Slieve Donard, de 852 m de altura.

El fuerte prehistórico de Dun Aengus está sobre un acantilado, a 90 m de altura, en Inishmore.

ISLAS

Azotadas por la tormenta o bañadas por el sol, oscurecidas por la niebla o magnificadas por la extraña luz de un cielo con arco iris, las islas de Irlanda atraen con una promesa de accidentada libertad.

La mayoría de las islas están a 8 km de la costa y ninguna a más de 16 km de distancia. Todas han estado habitadas en algún momento, aunque la más agreste sólo lo estuviera por un ermitaño en los tiempos del cristianismo. En ellas se encuentran cruces celtas, capillas y viviendas en ruinas. Unas pocas siguen estando habitadas.

Las facilidades para llegar a ellas son pocas, pero los isleños reciben a los visitantes con una cálida hospitalidad. Hay unos pocos hoteles y casas de huéspedes dirigidos por familias.

EL NORTE

A cinco km de la costa de Donegal, la **isla Aran** está conectada por un ferry que sale de Burtonport. La isla es montañosa, con páramos y acantilados accidentados en el lado del Atlántico, y playas arenosas y estanques formados por las rocas frente a la costa. Siete pubs y un hotel marcan el ritmo de la vida social de la isla.

Rathlin, en la costa norte de Co Antrim, es el hogar de 30 familias, la mayoría dedicadas a la cría de la oveja y ganado. Colonizada originalmente por antiguos monjes cristianos, Rathlin ha sufrido saqueos, piratería y masacre. Con buen tiempo se puede visitar la cueva en la que Robert the Bruce estudió a una araña resuelta. La isla cuenta con un santuario de aves, un centro de buceo, tres faros y un pub. El cruce desde Ballycastle se hace en unos 50 minutos.

EL OESTE

Las tres **islas Aran**, Inishmore, Inishmaan e Inisheer, dominan el horizonte frente a las costas de Clare y Galway. Como The Burren, las islas están compuestas principalmente por desnudos glaciares salpicados de piedra caliza gris de la era Glaciar. Pero la crudeza del paisaje se ve atenuada por pastos protegidos por muros de piedra y por flores silvestres.

Inishmore, la más grande, tiene 14 aldeas y un puerto pesquero en Kilronan. Dun Aengus es el más grande de varios fuertes prehistóricos y existen numerosas iglesias cristianas antiguas, incluida la de St. Benan, del siglo VII.

Inishmaan tiene dos impresionantes fuertes prehistóricos y la casa de campo en la que vivió el escritor J. M. Synge.

Inisheer, la situada más al sur, tiene estrechas carreteras y una reluciente playa blanca en la que se han construido *currachs*.

La **isla Clare**, que se eleva hasta los 500 m de altura en la bahía Clew, Co Mayo, atraerá a los aficionados a caminar. También ofrece pesca, vela, excursiones en pony y buceo. Entre la vida salvaje de Clare se incluyen delfines, focas y nutrias, y también es el hogar de una rara especie de cuervo de pico rojo. Una torre cuadrada cerca del puerto fue la fortaleza de Grace O'Malley, mujer pirata del siglo XVI, que se declaró reina de la bahía de Clew y se mantuvo firme contra Isabel I en una visita a Londres hecha en 1575.

EL SUDOESTE

Un funicular conecta la **isla de Dursey** con la punta de la península Beara, en Co Cork. Popular entre los observadores de aves, que ascienden los acantilados occidentales para observar a los alcatraces y ver si aparecen migratorias raras, la isla no tiene carreteras asfaltadas. El transporte entre los tres diminutos pueblos se hace en moto o vehículo tirado a caballo.

Cape Clear, la isla más meridional de Irlanda, desafía al Atlántico desde la bahía de Roaringwater, en West Cork. De unos 5 km de longitud, la isla es salvaje y accidentada, sin embargo hay pequeños pastos y sus casas se hallan protegidas por numerosos setos de fuchsias y escalonias. Durante el verano, su población de 150 habitantes aumenta con los visitantes, naturalistas y estudiantes del idioma irlandés, que viajan en ferry desde Schull y Baltimore.

Cruces célticas al amanecer en Inishmore, la mayor de las islas Aran.

ISLAS ARAN

Hay servicios aéreos regulares desde Galway, a unos 50 km de distancia.. Funcionan servicios de ferry desde Doolin, Co Clare (tel.: 065-74455), la ciudad de Galway (tel.: 091-68903) y Rossaveal, Co Galway (tel.: 09-65414). Llame al Centro Patrimonial de Inishmore (tel.: 091-63081) para averiguar los horarios. No hay tráfico en Inishmaan ni en Inisheer.

ISLA CLARE

Clare cuenta con un servicio de ferry dos veces al día desde Roonah Quay (tel.: 098-25711). El trayecto se hace en 25 minutos

ISLA DURSEY

Hay un teleférico (tel.: 064-41233).

CAPE CLEAR

Hay ferries desde Schull (tel.: 028-28138) y Baltimore (tel.: 028-39119).

VÍAS FLUVIALES

No se tiene que conducir mucho en Irlanda para encontrarse con un *lough* (lago) o un río. Pero ¿por qué conducir? Tanto en la República como en Irlanda del Norte se encuentran alternativas en forma de vacaciones fluviales. Las vías fluviales, vitales en los tiempos anteriores al ferrocarril, se han convertido en un rico legado de placer que permite la oportunidad para relajarse y acceder a una vista de lo mejor de Irlanda como si se mirara desde el patio de atrás.

La República cuenta con tres grandes sistemas fluviales, cada uno de ellos conectado entre sí. Desde Dublín, el Gran Canal corre hacia el oeste para encontrarse con el majestuoso río Shannon. A menos de medio camino a lo largo de su ruta, sale un ramal del canal para encontrarse con el río Barrow, que ofrece una ruta navegable hacia el sur, hasta Waterford.

Irlanda del Norte tiene el Lough Erne, alto y bajo, una extraordinaria zona lacustre de cruce, que cuenta, según le dirán con una isla para cada día del año.

En el año 1995, si se completan las obras

GRAN CANAL
Un puesto de alquiler de botes justo en las afueras de la ciudad ofrece balandros estrechos al estilo inglés. Celtic Canal Cruisers, Tullamore, Co Offaly (tel.: 0506-21861).

RÍO SHANNON
Nueve compañías ofrecen casi 400 botes autotripulados para recorrer el Shannon. Encontrará información en las oficinas de Bord Fáilte (véase pág. 189).

RÍO BARROW
Celtic Canal Cruisers, véase Gran Canal, arriba.

LOUGH ERNE
Centro de visitantes de Lakeland, Shore Road, Enniskillen, Co Fermanagh (tel.: 0365-323110/325050).

Asentamiento monástico de Clonmacnois, en las orillas del poderoso río Shannon.

a tiempo, el restaurado canal Ballyconnell volverá a conectar el río Shannon con el Lough Erne, permitiendo a los barcos navegar a lo largo de más de 800 km entre las provincias de Leinster, Munster y Ulster.

EL GRAN CANAL

Entre Lucan, en las afueras de Dublín, y el puerto Shannon, sólo hay 24 exclusas en una distancia de unos 125 km. Robertstown, donde empieza el enlace con el río Barrow, es un pueblo atractivo con un centro de botes y una base para alquilar cruceros. Edenderry, muy cerca de la línea principal del canal, tiene excelentes puntos de anclaje en su puerto deportivo. Tullamore es el hogar del whisky *Tullamore Dew*, y del licor *Irish Mist*. El puerto de Shannon, que marca la entrada al río más grande de Irlanda, fue en otro tiempo un importante puerto interior y actualmente ofrece un puerto muy seguro para numerosos botes.

RÍO SHANNON

El Shannon contiene la zona más grande de aguas interiores de Gran Bretaña e Irlanda. Fluye hacia el sur a lo largo de 350 km, siguiendo el curso de la historia, entre Co Cavan, donde nace, hasta el océano Atlántico. Sólo pasa por una ciudad, Limerick, sin embargo ofrece una oportunidad para ver y visitar algunos de los mejores lugares históricos de Irlanda, incluido Clonmacnois (véanse págs. 50-51), el asentamiento monástico cristiano más importante. Carrick-on-Shannon, un punto de partida popular para cruceros de vacaciones, tiene algunos edificios georgianos exquisitos.

A lo largo de su curso, el Shannon tiene una gran riqueza de aves y flora, y se halla flanqueado por antiguos bosques. Hay senderos naturales que se pueden explorar en el castillo de Portumna, en la costa del Lough Derg, y en el parque forestal de Lough Key.

¡Qué captura! Pesca en el Lough Erne.

RÍO BARROW

El río pasa a través de numerosos lugares fascinantes. Athy es una ciudad mercado cuya historia se remonta a los tiempos medievales. Carlow tiene un castillo normando. Graiguenamanagh es una ciudad fotogénica con la restaurada abadía Duiske, fundada en 1207. St. Mullins, cerca del final de la navegación, tiene asociaciones con la antigua mitología céltica.

LOUGH ERNE

Los cruceros ofrecen la mejor forma de ver muchas de las atracciones de Fermanagh. Echar el ancla en Devenish y White Islands, por ejemplo, le permite visitar sus misteriosas ruinas y reliquias sin verse agobiado por multitudes. Devenish es un lugar maravilloso a la luz de la luna. La navegación por el sistema del Erne es fácil y las facilidades para los botes son excelentes.

EXCURSIONISMO Y CICLISMO

En toda Irlanda se encuentran lugares estupendos para el excursionismo y el ciclismo. El Camino del Ulster, un sendero de 800 km, sigue la línea costera de Irlanda del Norte, para regresar a Belfast a través de las montañas Sperrin, el país de los lagos de Fermanagh y las montañas de Mourne.

La Asociación de Albergues de Juventud de Irlanda del Norte organiza durante todo el año caminatas y excursiones. En el folleto del Irish Tourist Board titulado *Walking Ireland. Only the Best*, hay información para ponerse en contacto con especialistas que organizan vacaciones con excursiones, con o sin guía.

Una docena de senderos marcados varían desde el Burren Way (23 km), hasta el Kerry Way (215 km). Algunas caminatas organizadas cuentan con una base, con recorridos diarios. En algunas zonas se organizan caminatas de un lugar a otro, con el equipaje transportado de una base a otra.

El alojamiento para los excursionistas suele encontrarse cerca de los caminos. La mayoría de los campesinos permiten acampar por una noche si se les pide. En los parques nacionales de Irlanda hay caminatas que pueden realizarse por cuenta propia o con guía.

INFORMACIÓN

Ulster Way: Sports Council for Northern Ireland, House of Sport, Upper Malone Road, Belfast BT9 5LA (tel.: 0232-381222).
National Park: Office of Public Works, 51 St. Stephen's Green, Dublín 2 (tel.: 01-613111).
Raleigh Rent-a-Bike: Kylemore Road, Dublín 10 (tel.: 01-6261333); The Bike Store, 58 Lower Gardiner Street, Dublín 1 (tel.: 01-725931).
Cycling Safari Holidays: 31 Chanternhill Park, Enniskillen, Co Fermanagh, BT74 4BG (tel.: 0365-323597).

La mayoría de las carreteras de Irlanda, al estar bastante libres de tráfico, constituyen una gozada para los ciclistas, y muchas zonas son ideales para las bicicletas todo terreno, que pueden alquilarse tanto en el norte como en el sur. En Enniskillen, una compañía de alquiler también organiza excursiones diarias, de dos y siete días, por lugares paisajísticos y de tipo familiar.

Irlanda es un país maravilloso para emprender caminatas y excursiones.

AGENDA

«En muchas partes de Irlanda el sueño que no conoce despertar siempre se ve seguido por el despertar que no conoce el sueño.»

MARY WILSON LITTLE

Compras

Muchos de los recuerdos se compran en tiendas de centros de artesanía, fábricas y molinos, después de que se han visto las mercancías en sus diferentes fases de producción. Algunas de esas tiendas tienen también una variedad de productos hechos en otras partes de Irlanda. En las oficinas de turismo también se venden recuerdos y regalos de calidad.

Tanto en Belfast como en Dublín hay centros urbanos compactos donde no se necesita caminar mucho para ir de compras. Ambas ciudades cuentan con algunos espléndidos centros comerciales de varios pisos, entre ellos el Westbury Mall y el Powerscourt Centre en Dublín, y el Castle Court en Belfast.

Belfast es el hogar tradicional del lienzo irlandés, que se encuentra en varias de las tiendas situadas en las arcadas y zonas peatonalizadas de la ciudad. Entre los regalos más buscados se cuentan las lanas tejidas a mano, la cerámica y el cristal (el de Tyrone se hace en el Ulster). La Smithfield Arcade, en Belfast es un lugar popular para buscar gangas, y los adictos a los mercados no deberían perderse el de San Jorge, el viernes por la mañana, en May Street.

Anuncio de una tienda tan bueno como el contenido del escaparate.

En Dublín, Grafton Street y sus alrededores, una zona peatonalizada, y la ancha O'Connell Street, son los lugares principales para comprar, con escaparates que muestran ropas clásicas y excitantes nuevos estilos y tejidos de diseño. La cercana Nassau Street cuenta con una hilera de tiendas, algunas de las cuales todavía están en las manos de las familias que las fundaron; en este lugar se venden exquisitas lanas y tweeds. Una tienda vende trajes para caballero y señora, chaquetas y sombreros en tweed de Donegal tejido a mano, y también puede comprarse tejido de tweed por metros, de modo que los clientes pueden confeccionárselos en casa y a su gusto.

La mayoría de las tiendas de la ciudad de Cork son pequeñas e interesantes y cada minorista es un experto en su propio campo. La moda de alta calidad se exhibe junto a librerías, tiendas de artículos para el fumador, farmacias, artículos de cocina, jugueterías y joyerías. St. Patrick's Street, en forma de media luna, es la principal vía comercial y una zona peatonal se encuentra flanqueada por Carey's Lane, French Church Street y Paul Street.

Se han instalado varios estudios de artesanía en Bridge Mills, en Galway, junto al puente O'Brien. El molino reconvertido del siglo XVIII también tiene una bodega y una librería de lance.

La ciudad de Waterford se presenta al visitante como la capital de las compras en el sudeste y es, en efecto, un animado centro con una variada gama de tiendas especializadas que se extienden a lo largo de estrechas calles.

Hay gangas para los que se dediquen a buscarlas, desde libros hasta los tradicionales géneros de punto irlandeses.

Waterford Crystal destaca en su campo, pero también hay otros centros en los que se crea cristal de calidad. La cerámica, ya firmemente establecida en algunas zonas, la más conocida de las cuales es Belleek, es una artesanía en desarrollo. Los talleres que producen cerámica funcional y decorativa tienen tiendas abiertas por todo el país.

Todavía pueden verse arpas irlandesas hechas a mano en Mayo, Meath y Dublín. Los artesanos de Limerick, Clare y Cork hacen sillas y taburetes en madera local de fresno o de abedul. El endrino quemado se emplea para bastones de caminante. Buenos ejemplos de la artesanía del hierro se producen en Cork y Kerry, con hierros y herrajes ornamentales.

Joyería en plata, oro y esmalte se crea en diseños tanto insólitos como clásicos. El famoso anillo de Claddagh, símbolo del amor, con dos manos que sostienen un corazón coronado, se puede encontrar en plata por unas 6 libras irlandesas.

La cestería y trabajos de juncos son artesanías hogareñas que producen una variedad de artículos, incluidos manteles para la mesa. Entre otras artesanías practicadas en el país se encuentran el estampado a la cera (bastante nuevo en Irlanda), cristal pintado, tapicería y trabajos en cuero.

Sligo organiza en otoño un Festival Comercial de tres semanas, con gangas en toda la ciudad y que culmina con una subasta.

Muchas de las tiendas de artesanía y artículos de fabricación irlandesa del país tienen un servicio de correspondencia.

Los visitantes de la CE pueden reclamar el costo del IVA en las compras hechas en la República y en Irlanda del Norte.

TIENDAS

Innumerables y variadas tiendas, repartidas por toda Irlanda ofrecen regalos y recuerdos. No disponemos aquí de espacio para mencionar más que unas pocas de las que venden productos de más calidad de Irlanda. Para más información sobre tiendas locales para una compra en particular, pregunte en la oficina de turismo más cercana.

ANTIGÜEDADES
BELFAST
Belfast Antiques Market
Sellos, monedas, muebles, juguetes.
126 Donegall Pass, Belfast BT7 (tel.: 0232-232041). Sólo sábados.

CO ANTRIM
Country Antiques
Plata, porcelana, muebles.
219b Lisnevenagh Road, Antrim (tel.: 08494-62498).

CO CORK
Victoria's
Ropas de época, victoriana.
2 Oliver Plunkett Street, Cork (tel.: 021-272752).

CO DONEGAL
The Gallery
Pinturas, antigüedades, artesanía.
Dunfanaghy (tel.: 074-36224).

DO DUBLIN
Mother Redcap's Indoor Market
Antigüedades, artesanías, pinturas y otros objetos.
Back Lane, Christchurch, Dublín (no hay teléfono).

CO FERMANAGH
Ballindullagh Barn
Objetos curiosos, artesanía y pinturas en un apartado cobertizo del siglo XVIII.
Killadeas (tel.: 0365-621548).

ARTE
CO KERRY
Blennerville Studio
Óleos, acuarelas, obras en piedra, arte original basado en paisajes locales, grabados y cerámica.
1 Main Street, Blennerville (tel.: 066-21824).
Killarney Art Gallery (Mulvany Bros)
Aquí se vende la obra de pintores irlandeses.
47 High Street, Killarney (no hay teléfono).

LIBROS
CO DUBLIN
Eason's
Cuatro son los espaciosos pisos que forma esta tienda; llenos de libros, objetos de escritorio, pósters, regalos y otros artículos.
O'Connell Street, Dublín (tel.: 01-733811).
Fred Hanna
Libros de interés irlandés. Gran variedad sobre la mayoría de los temas.
27-29 Nassau Street, Dublín 2 (tel.: 01-771255).
Hodges Figgis
Un millón y medio de libros almacenados; la dirección afirma que si no lo encuentra aquí, sencillamente, no existe.
54 Dawson Street, Dublín (tel.: 01-774754).
Winding Stair
Interesante librería de lance junto al Liffey.
40 Lower Ormond Quay, Dublín (tel.: 01-733292).

ARTESANÍA
BELFAST
Craftworks Gallery
Patrocinada por el gobierno, con una amplia gama de artesanía de Irlanda del Norte a la venta.
13 Linenhall Street, Belfast BT2 (tel.: 0232-236534).

CO CLARE
Gleninagh Crafts
Productos de vidrio de color y objetos insólitos: móviles, lámparas, candelabros.
Fiontrach, Ballyvaughan (tel.: 065-77154).

CO CORK
Blarney Woollen Mills
Aquí hay mucho más que lana; amplia selección de artículos irlandeses.
Blarney (tel.: 021-385280). También en 21-23 Nassau Street, Dublín (tel.: 01-710068).
Trag Knitwear
Suéteres de lana de Aran hechos a mano y a máquina. Moda, artesanía, sótano de gangas.
Tragumna, Skibbereen (tel.: 028-21750).

CO DONEGAL
Magee
Grandes almacenes. Establecidos en 1866. El tweed tejido a mano de Magee todavía se hace en casas de campo y se acaba en la fábrica. Ropas muy buenas, tanto para caballero como para señora.
The Diamond, Donegal (tel.: 073-21100).
McAuliffe's Craft Shop
Alfombras tejidas a mano. Ropas de caballero y señora hechas con tejidos irlandeses. Cristal.
Dunfanaghy (tel.: 074-36135).
Teresa's Cottage Industries
Manteles bordados, juegos de mantelería y almohadones; juegos de cama y géneros de punto.
Church Street View, Bruckless (tel.: 073-37080).
Triona Design
Demostraciones de tejeduría. Tienda de la fábrica; moda para señoras en tweed; otros productos irlandeses.
Ardara (tel.: 075-41422).

CO DUBLIN
Gaelic Design Sweater & Gift Shop
Recuerdos, desde calzones Guinness hasta *bodhrans* (pequeños tambores de una sola piel). También se venden algodones finos, tweeds y géneros de punto.
Asdills Row, Temple Bar, Dublín 2 (tel.: 01-711146).

CO KERRY
Quill's Woolen Market
Este establecimiento afirma tener la mejor selección de géneros de punto de diseño y artículos confeccionados en lana, y los precios más ajustados. También en Sneem y Kenmare.
Killarney (tel.: 064-32277).

CO SLIGO
Innisfree Crystal
Muchas ediciones limitadas de objetos de cristal que sólo pueden adquirirse en la fábrica.
The Bridge, Collooney (tel.: 071-667340).

CO WATERFORD
Joann's Gift Shop
Cristal de Waterford y Galway soplado y cortado a mano. Porcelanas de Belleek, Royal Tara y Donegal.
29-30 Michael Street, Waterford (tel.: 051-73138).

JOYERÍA
CO DONEGAL
McElwee
Cristal de Waterford, Tipperary y Derryveagh. Porcelana china y pirita. Esculturas de bronce de Rynhart.
Dungloe (tel.: 075-21032).

CO SLIGO
Gillan Jewellery Designs
Objetos de plata y oro hechos a mano. Trabajos de otros artistas irlandeses.
Market Yard, Sligo (tel.: 071-43686).
W. F. Henry
Amplia gama de joyería y relojes, incluidos anillos de Claddagh en oro y plata.
1 High Street, Sligo (tel.: 071-42658).

ARTESANÍA TEXTIL

La artesanía suele desarrollarse donde se obtiene la materia en bruto. De ello se desprende que los tweeds y géneros de punto tejidos en casa tuvieron tradicionalmente su base en zonas notables por su cría de ovejas, como Donegal, Galway, Kerry Mayo y Wicklow. Cada región tenía su producto característico, dependiendo la lana local, y también de los tintes locales.

En partes de Donegal, famosa desde hace tiempo por su fuerte tweed, continúa practicándose el tejido a mano como una industria en las casas de campo. Aquí todavía se encuentra el género de punto y el bordado hecho a mano. En las mismas zonas se pueden visitar talleres donde empieza a surgir una nueva generación de tejedores, con tejidos de colores más brillantes, como bufandas, vestidos largos, alfombras y tapices.

Los jerseys de Aran nunca pasan de moda, aunque deben su origen al hecho de que son prácticos, gruesos, cálidos y resistentes a la lluvia, ideales para salir a pescar en invierno en un barco abierto. Hasta los

bataneado de Wellbrook, cerca de Cookstown, Co Tyrone, abre durante unas pocas horas en las tardes del verano y bien vale una visita (véase pág. 112).

El museo Middle House, situado en Upperlands, Maghera, Co Londonderry, cuenta con un museo textil privado abierto mediante cita concertada con la familia Clark que vive allí. La maquinaria es del año 1740 (tel.: 0648-42214 para disponer una visita con guía).

El hilo se blanqueaba hirviéndolo y más tarde extendiéndolo a secar en los llamados «prados de blanqueo». Irlanda del Norte llegó a contar con unos 360 "prados de blanqueo" en los mejores momentos de la industria, a finales del siglo XVIII.

Irlanda tiene fama por la excelente calidad de sus productos textiles, muchos de los cuales se producen siguiendo los métodos tradicionales comprobados con el transcurso del tiempo.

intrincados dibujos diseñados por las familias y transmitidos de una generación a otra tuvieron su origen en el sentido práctico, aunque un tanto mórbido. Se dice que eran un medio para identificar a los pescadores ahogados.

El ganchillo irlandés hecho a mano es un accesorio actualmente de moda y muy buscado.

El tejido de hilo ha quedado limitado ahora a Irlanda del Norte, donde todavía se cultiva un poco de lino, aunque la mayoría es importado. El bataneado, el golpeteo de la tela para producir un brillo suave, es en proceso final de la fabricación. El molino de

Espectáculos

Irlanda no es de los países que saltan inmediatamente a la mente al planificar unas vacaciones con una bulliciosa vida nocturna, pero sería un error descartarla por eso.

Buena parte de la vida nocturna es improvisada y tiene lugar en locales como pubs y bares, donde la gente sabe que puede relajarse tomando una copa en compañía agradable, charlar con los conocidos o los extraños y donde siempre hay la oportunidad de que alguien empiece a tocar una melodía en una guitarra, violín o incluso una gaita. Y de repente se produce lo que los irlandeses llaman «una sesión».

Eso es el factor de la buena suerte y si no quiere beber nada fuerte, tome té o café. No visitar los bares de Irlanda es tan increíble como ir a Egipto sin ver las pirámides.

Pero si lo que busca es un espectáculo organizado, lo mejor que puede esperar, aparte de Dublín, Belfast y los principales centros, es el cine, el bingo, los bolos y, posiblemente, una noche de baile popular en un salón local, o una discoteca donde cualquiera de más de 30 años puede ser considerado como un anciano.

La Sala Nacional de Conciertos de Dublín es un escenario magnífico para las actuaciones.

La respuesta para los que deseen bailar hasta el amanecer, pasar una noche en la ópera o el teatro o escuchar un grupo rock de primera o una orquesta internacional, consiste en acudir a Irlanda en los meses de julio o agosto. Entonces encontrarán celebridades, espectáculos de primera categoría que, de otro modo, quizá no coincidan con una visita hecha fuera de la temporada alta de vacaciones.

Para descubrir qué espectáculos se organizan, eche un vistazo a los periódicos locales, que publican anuncios e información editorial sobre los espectáculos de la zona. Para noticias más detalladas sobre qué ver y hacer, llame a la oficina de información turística. Aparte de los folletos sobre atracciones y festivales locales, hay publicaciones al estilo de periódicos que son una mina de información, como *Cork and Kerry Tourist News* y el *Northern Ireland Holiday News*.

Hay regiones enteras cubiertas con guías anuales del visitante, como el noroeste (Sligo, Donegal y su distrito) y Shannon (Clare, Limerick, North Kerry, North Tipperary y South Offaly). Muchas pequeñas ciudades tienen una hoja gratuita que se publica privadamente, como el *Tralee Advertiser*.

En Irlanda del Norte, el *Lakeland Extra*, de unas 20 páginas, se distribuye en hogares y negocios en Fermanagh y South Tyrone, y también puede recogerse en diversos lugares, incluidos los centros de información turística.

El club nocturno Manhattan, en Belfast, donde se puede bailar durante toda la noche.

Puede encontrar algo de interés en esas publicaciones, pero no espere estar de juerga hasta altas horas, porque podría encontrarse en la cama a las diez de la noche.

El consejo que se ofrece en una de las publicaciones mensuales es: «Descanse bien para prepararse para otro día de diversión y aventura en la región a la que la naturaleza le ha otorgado más de lo que le correspondía».

Aparte de la minúscula fraternidad terrorista que actúa a ambos lados de la frontera, los irlandeses son un pueblo que ama a todo el mundo y hacen que el extraño se sienta extraordinariamente bien recibido. A nadie que busque compañía se le permite estar solo en Irlanda.

No es que sean curiosos por uno, tampoco son entrometidos o intrusos; simplemente, reconocen que usted es alguien con quien se puede hablar, y la conversación nunca se considera rutinaria. Procede directamente del corazón, es anecdótica, informativa, muestra interés por sus respuestas, sus impresiones de Irlanda y de lo irlandés. Conduce el humor, el ingenio y la risa y se extiende a los que están cerca, ya sea en una parada de autobús o en un bar, hasta que, de repente, se encuentra usted disfrutando a lo grande.

QUÉ SUCEDE

Muchas de las diversiones aquí incluidas sólo tienen lugar durante la época de verano, y otras están limitadas a menos actuaciones, como la música en directo en los pubs. Siempre es prudente comprobarlo por adelantado.

CENTROS DE DIVERSIÓN

Véase la pág. 150.

BANQUETES

CO CLARE
Bunratty Castle
Banquetes medievales dos veces por noche durante todo el año.
Bunratty (tel.: 061-61788 para reservas).
Bunratty Folk Park Ceilidh Evenings
Cocido, canto y baile irlandés
Bunratty (tel.: 061-61788 para reservas).
Knappogue Castle
Banquetes dos veces por noche, con diversión de carácter musical. De mayo a octubre.
Quin (tel.: 061-61788 para reservas).

CO GALWAY
Banquete medieval Dunguaire Castle
Extractos de obras de Synge, Yeats y Gogarty. Dos veces por noche (17.45 y 20.45). De mayo a septiembre.
Kinvara (tel.: 061-61788 para reservas).

CO KERRY
Killarney Manor
Banquete de cinco platos con música irlandesa, canciones y baile en el Gran Salón, del siglo XVIII.
Loreto Road, Killarney (tel.: 064-31551).

BOLERAS

CO FERMANAGH
Castle Bowlervision
Diez pistas de bolos de diez palos.
Castle Entertainment Centre, Raceview, Factory Road, Enniskillen (tel.: 0365-324172). Abierto: diariamente, 9.00-2.00.

CO LIMERICK
Limerick Leisure Bowl
Veinte pistas computarizadas. Allí encontrará gimnasio, sauna, y también clases de baile.
Ennis Road, Limerick (tel.: 061-327444).

CO WATERFORD
Clonea Strand Hotel
Pista de bolos.
Dungarvan (tel.: 058-42416).

CABARET

BELFAST
Limelight
Discoteca-club nocturno. Cabaret los martes, viernes y sábados.
Ormeau Avenue. No hay teléfono.

CO DUBLIN
Abbey Tavern
Diversión, risa y canto tradicional.
Howth (tel.: 01-390307).
Braemor Rooms
Estrellas locales y algunas de fama mundial.
Churchtown, Dublín (tel.: 01-2988664).
Jury's Irish Cabaret
Brillante espectáculo de dos horas y media, a partir de mayo a hasta mediados de octubre.
Jury's Hotel, Pembroke Road, Ballsbridge, Dublín 4 (tel.: 01-605000).
Pink Elephant
Local para gente joven, actuaciones de cantantes de rock en ascenso y los que ya han llegado.
South Frederick Street, Dublín (tel.: 01-775876).

CO LIMERICK
Jury's Hotel
Música, canción, baile, comedia y teatro en el Jury's Summer Show, jueves por la noche en junio y septiembre, y miércoles y jueves en julio y agosto.
Ennis Road, Limerick (tel.: 061-327777).

CONCIERTOS Y ÓPERA
BELFAST
Gran Casa de la Ópera
Véanse págs. 98 y 145.
Escuela de Música de Queens University
Entrada de pago para conciertos nocturnos. Recitales gratuitos a la hora del almuerzo en otoño-invierno.
University Square/Botanic Avenue (tel.: 0232-245133, ext. 3480 para información).
Orquesta del Ulster
Ulster Hall, Bedford Street (tel.: 0232-664535 para información sobre entradas).

CO CORK
Casa de la Ópera de Cork
En verano predominan las obras irlandesas. Ópera, ballet, comedia musical.
Lavitt's Quay, Cork (tel.: 021-270022).

CO DUBLIN
Sala Nacional de Conciertos
Principal lugar para la música clásica.
Earlsfort Terrace, Dublín 2 (tel.: 01-711888).

CO LONDONDERRY
Guildhall
Conciertos y producciones dramáticas.
Shipquay Street, Londonderry (tel.: 0504-365151).

DIVERSIÓN EN HOTELES
CO CLARE
Bunratty Castle Hotel
Cabaret y club nocturno de Garfield, abierto hasta altas horas de la noche los viernes y sábados.
Bunratty (tel.: 061-364116).
Lakeside Hotel
Conjunto de cantantes de talento, músicos, bailarines y cómicos de cabaret. Desde finales de junio a principios de septiembre.
Lynch Hotel
Baladas, baile, teatro y comedia de cabaret, los martes en junio; martes y viernes en julio, agosto y septiembre.
Ennis.

CO DUBLIN
Harcourt Hotel
Club nocturno Chiki's de jueves a domingo. Música country y bluegrass, con especial los domingos; jazz los domingos y lunes por la noche.
60-61 Harcourt Street, Dublín 2 (tel.: 01-783677).

CO GALWAY
Peacocke's
Noches irlandesas los sábados, discoteca los viernes y domingo, 22.00-2.00.
Maam Cross (tel.: 091-82306).

CO KERRY
Ballybunion Golf Hotel
Servicio de cuidado de niños pequeños. Diversión nocturna.
Main Street, Ballybunion (tel.: 068-27111).
Eviston House Hotel
Danny Mann Singing Lounge y club nocturno Scoundrels.
New Street, Killarney (tel.: 064-31640).
Hotel Gleneagle and Leisureworld
Club nocturno con artistas de renombre. Música y canciones en verano en el pub Eagles Whistle.
Muckross Road, Killarney (tel.: 064-31870).
Killarney Towers Hotel
Bar musical nocturno Scruffy's.
College Square, Killarney (tel.: 064-31038).

CO LIMERICK
George Hotel
Club nocturno Tropics, permanece abierto cada noche y allí también se encuentra el pub Glory Hole Music.
O'Connell Street, Limerick (tel.: 061-414566).

LOS PUBS

La gente habla con entusiasmo de los pubs y bares de Irlanda, de la conversación, el buen rato, el carácter, el ambiente sosegado. Es comprensible. Eso no quiere decir, sin embargo, que algunos de ellos no tengan una decoración fatal, tapicería de plástico y mobiliario arcaico.

El problema es que como la mayoría tienen ventanas escarchadas o pesadas cortinas, no se puede saber cómo son hasta que no se entra. No obstante, por lo menos tres de cada cuatro veces se encontrará con un personal y unos clientes afables.

Los tradicionales reservados siguen siendo una de las características de muchos viejos pubs; son secciones cerradas donde unos pocos amigos pueden reunirse con total

intimidad. Hay muchos. El de William Blake, en Church Street, en Enniskillen, es uno de ellos. En Baggot Street Lower, en Dublín, están Doheny y Nesbitt's. Otro es el de Kehoe, en South Anne Street, Dublín, cuyos reservados fueron inmortalizados por Sean O'Casey.

El Crown Liquor Saloon, en Great Victoria Street, Belfast, es el más llamativo de la ciudad. Fue construido en 1885 por un arquitecto que se inspiró en lo que había visto en España e Italia. El resultado son techos rojos y amarillos, una barra de mármol con arcos y columnas de madera, y reservados recubiertos con paneles de madera y ornamentadas tallas sobre las puertas. El pub es atendido por el National Trust, cuyo trabajo de restauración incluye lámparas de gas.

Algunos pubs irlandeses tienen un tema.

El de Carmichael de Holywood, en Co Down, cerca del ferrocarril Belfast-Bangor, sirve comida y bebida en lo que parecen vagones de ferrocarril.

La música es una gran atracción en muchos pubs, docenas de ellos en Dublín. El de Slattery, en Capel Street, tiene música irlandesa tradicional, rock y blues siete noches a la semana. También se ofrecen conciertos en el Bad Bob's Backstage Bar, en Essex Street East, donde también se interpreta música tradicional, popular, country y jazz.

Muchos cantantes y bandas mundialmente famosos empezaron como músicos de pub en Irlanda.

Los pubs son una institución en Irlanda y un elemento esencial de la vida cotidiana. Una visita es una forma agradable de conocer a la gente.

LIL FLANAGANS
PUBLIC HOUSE

MURPHY'S IRISH STOUT

MURPHY'S

CEOL AGUS ÓL
MURPHY'S IRISH STOUT

CLUBES NOCTURNOS
BELFAST
Larry's Piano Bar
Ambiente animado, estilo bohemio años treinta, extravagancia, música de piano.
34 Bedford Street (tel.: 0232-325061).

Música en vivo en el Larry's Piano Bar

Pips Nightclub
Situado en un complejo que incluye el pub de Elbow, muy popular para la música.
Dublin Road (tel.: 0232-233003).

CO DONEGAL
Frankie's Niteclub
Los martes están reservados para adolescentes discotequeros (sin alcohol); discoteca nocturna los miércoles, viernes, sábado, y country irlandés y de western los sábados.
Meeting House Street, Raphoe (tel.: 074-45153).

CO FERMANAGH
Mirage
Actúan artistas de talento; cuenta con el primer sistema del país en láser gráfico de siete colores.
Castle Entertainment Centre, Raceview, Factory Road, Enniskillen (tel.: 0365-324172).

CO LIMERICK
Baker Placer
Pub/restaurante con baile hasta tarde.
Perry Square, Limerick (tel.: 061-418414).

CO LONDONDERRY
Squires Nightclub
Lugar de cita de la gente joven.
Shipquay Street, Londonderry.

DIVERSIÓN EN PUBS
BELFAST
Kelly's Cellars
Música folk el sábado por la tarde, y blues el sábado por la noche.
30 Bank Street (tel.: 0232-324835).
The Linenhall
Pub con salón de música. Jazz en directo los lunes, miércoles y sábados; rock los jueves.
Clarence Street (tel.: 023-248458).
Rotterdam Bar
Música irlandesa, folk, blues o jazz la mayoría de las noches.
54 Pilot Street, Belfast (tel.: 0232-746021).

CO CLARE
Archway
Restaurante/bar con gran fama musical.
Main Street, Ennistymon (tel.: 065-71080).

CO DONEGAL
Shamrock Lodge
Se puede escuchar música irlandesa tradicional los miércoles y sábados durante todo el año.
Falcarragh (tel.: 074-35192).

CO DUBLIN
International Bar
La barra de madera tallada es una auténtica obra maestra. Lugar animado para bandas de rock y otros grupos. En el piso de arriba se representa comedia los miércoles.
23 Wicklow Street, Dublín (tel.: 01-779250).

El Crown Liquor Saloon, exquisito ejemplo de pub de decoración victoriana iluminado con gas.

Slattery's
Paul Brady actuó aquí hace 30 años. Sigue siendo el local preferido para el rock, blues, música tradicional y folk.
Capel Street, Dublín (tel.: 01-727971).

CO LIMERICK
Nancy Blake's
Música tradicional de domingo a miércoles en uno de los bares más vanguardistas.
Denmark Street, Limerick (tel.: 061-416443).

CO LONDONDERRY
Dungloe Bar
Uno de los mejores pubs de la ciudad para música y concursos.
Waterloo Street, Londonderry (tel.: 0504-267716).
Townsman
Local nocturno popular entre la gente joven.
33 Shipquay Street, Londonderry (tel.: 0504-260820).

CO SLIGO
Knock na Shee Inn
Baladas, música irlandesa tradicional, canciones.
Lavagh, Ballymote (tel.: 071-84001).
Yeats Lounge
Ceilidh cada viernes por la noche. Música en los fines de semana.
Rathcormac, Drumcliff (tel.: 071-43039).

TEATROS
BELFAST
Gran Casa de la Ópera
Obras variadas, ópera ocasionalmente, ballet, pantomima.
Great Victoria Street (tel.: 0232-241919).
Lyric Theatre
Se representa drama basado en la herencia irlandesa.
Ridgeway Street (tel.: 0232-381081).

CO CORK
Casa de la Ópera de Cork
Variedad, producciones en gira.
Lavitt's Quay, Cork (tel.: 021-270022).

CO DUBLIN
Abbey Theatre
Drama basado en la cultura irlandesa.
Lower Abbey Street, Dublín (tel.: 01-787222).
Gate Theatre
Obras contemporáneas
Cavendish Row, Parnell Square, Dublín (tel.: 01-744045).
Olympia Theatre
Comedia, danza, drama... lo que quiera.
Dame Street, Dublín (tel.: 01-777744).

CO KERRY
Siamsa Tíre National Folk Theatre
Música, folklore, canto y baile. De mayo a septiembre, cinco noches a la semana.
Tralee (tel.: 066-23055).

¡MÚSICA, MÚSICA, MÚSICA!

Se la reconoce al escucharla y ya no puede uno dejar de llevar el compás con los pies. La música tradicional irlandesa es difícil de definir, pero fácil de disfrutar.

Aunque cada nueva generación irlandesa promueve su propia interpretación de la música tradicional y aumenta la gama de baladas, en los últimos años se ha producido un aumento de la tendencia.

Las notas de lucha política, emigración y rebelión contra la autoridad se introducen en las baladas. Nunca han estado lejos de ellas matices de indecencia y lujuria, y los tristes solos de amor no correspondido, de amor perdido o maltratado siguen vendiendo grandes cifras.

Los cantantes, músicos y grupos irlandeses tienen impacto a nivel mundial. La música reverbera en los pubs y en las calles. A veces se produce improvisadamente. A menudo, la gente simplemente «se une».

El arpa, el instrumento más asociado con Irlanda raras veces se toca hoy en día como un instrumento tradicional, aunque un músico que lo toque en la Grafton Street de Dublín atraerá a mucha gente. El violín está en el núcleo de la música tradicional irlandesa.

Las gaitas *uilleann*, con el codo usado para bombear aire, son una versión refinada de las gaitas tradicionales, y el *bodhran* (un pequeño tambor de piel de cabra) es popular en Cork y Kerry. Se toca con los nudillos,

En un pub, o en la calle, cualquier momento es bueno para la música.

La música tradicional es muy querida en toda Irlanda.

Fabricante irlandés de arpas afinando un instrumento nuevo en el parque Marlay, Dublín.

con un tamborileo suave que termina en un redoble.

El silbato de latón proporciona un acompañamiento alegre a otros instrumentos irlandeses, por otro lado el acordeón y la flauta se tocan muchas veces solos.

La República cuenta con una organización central para promover la música, la canción y la danza, el Comhaltas. Su libro anual, una guía de la música tradicional organizada por las ramas de Comhaltas a nivel nacional, se consigue gratis en los centros de información turística.

Al finales de agosto el Fleadh de Irlanda, que dura tres días y que se celebra en un lugar diferente cada año, marca el momento cumbre del calendario de la música tradicional.

Festivales

En toda Irlanda se organizan festivales, grandes y pequeños, para celebrar actividades, intereses y aniversarios que van desde lo cultural a lo práctico, desde lo común a lo extraño. Sea cual fuere el acontecimiento, ya se trate de caballos o de rosas, de arte o de ostras, implicará casi con toda seguridad interpretación de música, a menudo tradicional, y será claramente divertido.

He aquí una visión anual, mes a mes, de los grandes acontecimientos que se organizan tanto en la República como en Irlanda del Norte. Algunos se celebran en una localidad diferente cada año, y las fechas pueden variar con respecto al mes anterior o siguiente. Las oficinas de turismo dispondrán de información actualizada.

Enero

Feria de Artesanía Irlandesa de la Royal Dublin Society, en Dublín; grandes carreras de caballos en Gowran Park (Co Kilkenny), Leopardstown (Co Dublin), Naas (Co Kildare) y Thurles (Co Tipperary).

Febrero

Festival Internacional de las Artes, Dublín; Festival de Cine de Dublín, Dublín; venta de caballos de raza en Naas, Co Kildare; Concurso Nacional de Arpa de Ulster, Downpatrick, Co Down; Feria del Motor de Ulster, Belfast.

Marzo

Festival Musical de Belfast; Feria del Caballo y concurso de arado, Ballycastle, Co Antrim; en el Día de San Patricio (17 de marzo) se organizan fiestas en toda Irlanda, con grandes desfiles en Belfast y Dublín; peregrinaciones a Cultra, Downpatrick y Newry, en Co Down.

Abril

Festival de Música de Arklow, Co Wicklow; Festival Cívico de Belfast y Feria del Lord Alcalde; Concurso Internacional de Piano de Dublín; Grand National Irlandés, Fairyhouse, Co Meath; Semana Pancéltica, República; Campeonatos Mundiales de Danza Irlandesa, República.

Mayo

Festival de Bantry Mussel, Co Cork; Festival Coral Internacional de Cork; Festival Internacional de Mayo de Dundalk, Co Louth; Festival de Pesca de los Lagos de Fermanagh; Fleadh Ceoil (festival de música tradicional, canto y baile), República; Feria de la Royal Ulster Agricultural Society, Belfast; Feria de Primavera y Feria Industrial, Dublín.

Junio

Derby Irlandés Budweiser, The Curragh, Co Kildare; Bloomsday (16 de junio), celebración del *Ulises* de James Joyce, Dublín; Festival de Dun Laoghaire, Co Dublin; Feis na nGleann (música tradicional, baile, deporte); Glenns of Antrim; Festival de Música en Grandes Casas Irlandesas, República; Festival de Violín, reunión de violinistas irlandeses en Belleek, Co Fermanagh; Semana Listowel de los Escritores; Festival Internacional Lough Swilly Tope, Rathmullen, Co Donegal.

Julio

Festival Marítimo de Bray, Co Wicklow; Festival Internacional de Danza Folklórica de Cork; Festival de las Artes de Galway; carreras de caballos de Galway; Festival King of Dalkey, Co Dublin; Pruebas Internacionales de la Rosa de la Ciudad de Belfast; Feria Medieval, Carrickfergus, Co Antrim; Conmemoración de la batalla del Boyne (día de los hombres de Orange, 12 de julio), Irlanda del Norte; Semana Skibbereen de Bienvenida, Co Cork.

Agosto

Desfiles de la Antigua Orden de Hibernians (15 de agosto, fiesta de la Asunción), Irlanda del Norte; Feria del Pony de Connemara, Clifden, Co Galway; Feria del Caballo de Dublín; Semana de las Artes de Kilkenny; Festival Internacional Mary de Dunloe, Dunlow, Co Donegal;

Ópera de Otoño de Irlanda del Norte, Gran Casa de la Ópera, Belfast; Festival Internacional de Ópera Ligera de Waterford.

Octubre

Feria Internacional de Octubre de Ballinasloe, una de las más grandes y tradicionales de Europa sobre caballos y ganado, Co Galway; Festivales Internacionales de Cine y Jazz de Cork; Maratón de la Ciudad de Dublín; Festival del Gourmet de Kinsale, Co Cork; Festival de las Artes de Sligo.

En el parque Dixon se celebran cada mes de julio las Pruebas Internacionales de la Rosa de la Ciudad de Belfast.

Festival O'Carolan de Arpa y Música Tradicional, Boyle, Co Roscommon; Feria Oul' Lammas, Ballycastle, Co Antrim; Feria del Duende, Killorglin, Co Kerry; Socorro de las Celebraciones Derry que conmemoran el asedio de 1688-1689; Festival Internacional de la Rosa de Tralee, Co Kerry; Feria del Caballo de Skibbereen, Co Cork.

Septiembre

Festival Folklórico de Belfast; Festival de la Ostra de Clarinbridge, Co Galway; Festival de la Flor de Dublín; Festival del Emparejamiento, fiesta de los solteros, Lisdoonvarna, Co Clare; Temporada de

Noviembre

Festival de Belfast, mucha música, desde clásica a jazz, también teatro, ópera y cine en la Universidad de Queen; Festival Internacional de Ópera de Wexford.

Diciembre

Carrera de Caballos de Navidad, Leopardstown, Do Dublín; Baile Vienés de Año Nuevo, Ayuntamiento de Belfast; Festival Wren Boys, Parque Popular Bunratty, Co Clare; tradicionalmente, los niños, con vestidos de fantasía y caras ennegrecidas cantan y bailan en las calles y piden dinero (actualmente para obras de caridad).

Niños

CENTROS DE DIVERSIÓN

Los niños de cualquier edad disfrutarán con una visita a uno de los numerosos parques de diversiones, con atracciones que van desde toboganes y piscinas hasta paseos y centros comerciales.

Parque de atracciones Leisureland

Amplia selección de diversiones, toboganes acuáticos y piscina climatizada.

Salthill, Galway.

Diversiones Mack's

Vídeos, máquinas tragaperras, además de muchas atracciones infantiles, bingo. Abierto de 10.00 a 24.00.

Main Street, Bundoran, Co Donegal.

Parque de atracciones Tramore

Amplias extensiones de terreno con toda clase de atracciones. También cuenta con un ferrocarril en miniatura.

Seafront, Tramore, Co Waterford.

Tropicana

Toboganes, terrenos de aventura, espectáculos variados, teatro, películas.

Central Promenade, Newcastle, Co Down.

Waterworld

Un complejo interior con una pista acuática deslizante de 80 m, remolinos, diversión con cañón de agua, barco pirata, saunas y jacuzzis relajantes como contraste. También hay, a cubierto, una feria de atracciones.

Portrush, Co Antrim.

PLAYAS

Con buen tiempo, y eso es algo que no puede asumirse como seguro en Irlanda, a muchos niños les encanta pasar el tiempo chapoteando en el mar y construyendo castillos de arena en las encantadoras playas que no suelen estar atestadas de gente. Pero llega el momento en que desean un poco más de aventura y excitación.

La gran mayoría de playas irlandesas se mantienen en un bello estado natural. Pero a la sombra de la montaña Binevenagh, en Lough Foyle, Co Londonderry, hay 5 km de arena limpia, en la playa de Benone, y al lado está el **Complejo turístico Benone**, donde los niños pequeños pueden chapotear bajo supervisión en piscinas climatizadas, mientras los mayores disfrutan de un parque de aventuras.

Portrush cuenta con generosas playas arenosas, con excursiones en burro y venta de dulces.

La ajetreada zona turística de Bundoran, Co Donegal, cuenta con su propio Waterworld, una **Aqua Adventure** cubierta y climatizada junto al mar. Tiene una piscina de olas y un tobogán para niños pequeños, así

El tradicional centro turístico de Newcastle.

como gran variedad de toboganes largos, cortos, rápidos, lentos, rectos o en espiral.

Tramore, Co Waterford, dispone de una playa ancha, un ferrocarril en miniatura y un parque de atracciones.

EXCURSIONES EN BARCO/DEPORTES ACUÁTICOS

A la mayoría de los niños les encanta hacer una excursión en barco. En Glengarriff, Co Cork, los barcos compiten por el privilegio de transportar a los veraneantes, a cambio de un precio negociable, hasta la isla Garinish, en la bahía de Bantry, a 10-15 minutos de distancia. A menudo se ven focas nadando o tumbadas en las rocas. Los jardines italianos, que tienen plantas subtropicales, son la gran atracción de la isla. Los niños pueden explorar los senderos del bosque, un templo de estilo griego y una torre Martello (véase pág. 70).

Otro crucero va más allá de las islas boscosas del lago **Lower de Killarney**.

Se puede alquilar un bote de remos o canoas en muchas ciudades y pueblos situados en ríos, canales o lagos.

El piragüismo en el mar es una opción que ofrecen unos pocos centros. En la playa de **Marble Hill**, a 6 km al este de Dunfanaghy, Co Donegal, los niños mayores de diez años reciben instrucción y participan en una expedición supervisada. También se enseña windsurfing. Los trajes y el equipo se pueden alquilar.

CUEVAS

Las cuevas son fascinantes. Entre las más espectaculares están las de **Marble Arch**, cerca de Blacklion, Co Fermanagh, donde parte de la visita se hace en bote eléctrico (véase pág. 110), y la de **Aillwee**, Ballyvaughan, Co Clare, que antes estuvo habitada por osos pardos (véase pág. 75).

MONTAR A CABALLO

Irlanda cuenta con centros residenciales de equitación donde se imparte instruc-

ción o se ofrecen excursiones por senderos. También hay otros centros no residenciales que enseñan por horas la instrucción básica, incluso a los niños.

MUSEOS

Los niños se sienten atraídos por muchas de las piezas expuestas en el **Museo Popular y del Transporte del Ulster**, en Belfast, y los sábados del verano funciona un tren en miniatura (véase pág. 100).

El Zoo de Belfast.

ZOOS Y VIDA SALVAJE

El **Zoo de Belfast** está en Cave Hill, donde cuanto más se sube más escarpado es (véase pág. 96). El **Zoo de Dublín**, en Phoenix Park, se inauguró hace más de 160 años (véase pág. 27). En la costa de Irlanda del Norte, junto a la B62 de Ballymoney a Portrush, está el **Parque Safary Causeway**, donde los leones permanecen en libertad mientras se conduce el coche por entre una reserva boscosa. El lugar cuenta con un minizoo y atracciones para niños (véase pág. 115). **Westport House**, en Westport, Co Mayo, tiene un zoo y un terreno de juego para niños muy equipado (véase pág. 84). En **Streamvale**, la primera granja abierta de productos lácteos de Irlanda del Norte, en Ballyhanwood Road, Dundonald, Belfast, se puede observar la rutina del ordeño desde una galería, ver animales y aves de corral y seguir un sendero natural (cerrado de noviembre a enero).

Deportes

DEPORTES DE ESPECTADOR

Irlanda suele tener una actuación razonablemente destacada en los deportes internacionales, sobre todo en rugby y fútbol, pero los juegos tradicionales siguen atrayendo a multitud de seguidores. Las características más notables de los juegos tradicionales son el fervor y la deportividad de los jugadores, así como el comportamiento ejemplar de los aficionados. Las finales irlandesas de los Juegos Gaélicos entre condados se juegan en septiembre, habitualmente en Croke Park, Dublín.

BALAS

El deporte más extraño, y desde el punto de vista del espectador el potencialmente más peligroso, es el de las balas callejeras, que supone arrojar una bola de metal que pesa casi un kg por una pista que abarca varios kilómetros de serpenteantes caminos públicos. La gente dice que el juego se practicó originalmente con balas de cañón y en toda Irlanda, aunque actualmente sólo se juega en los senderos de los condados de Armagh y Cork, aunque también en numerosas ciudades pequeñas y en muchos pueblos. Algunos torneos atraen a equipos de comunidades gaélicas en el extranjeros.

FÚTBOL GAÉLICO

El fútbol gaélico, un híbrido entre el fútbol y el rugby, se juega con una pelota redonda y en él participan dos equipos de 15 hombres que también pueden manejar la pelota con las manos.

CARRERAS DE CABALLOS

Irlanda cuenta con 28 hipódromos donde se celebran carreras más de 230 días al año. La carrera dominical se ha introducido en años recientes y desde mayo a agosto se celebran carreras por la tarde. El cuartel general de las carreras irlandesas de caballos está en Curragh, Co Kildare, donde en junio se celebra el Derby Irlandés Budweiser. Otro clásico, el Guinness Oaks, se celebra en Curragh en el mes de julio.

El Grand National Irlandés, de dos días de duración, tiene lugar en Fairyhouse, Co Meath, en Pascua. Otros acontecimientos nacionales son los de Galway, Gowran, Navan y Punchestown.

Hay ferias y festivales durante el verano y principios de otoño en Galway, Killarney, Listowel, Tralee y Tramore. La temporada irlandesa de carreras de obstáculos se extiende desde enero a mayo, con carreras todos los domingos.

Se encuentra un calendario con todos los detalles de las carreras en el Racing Promotion Group, Leopardstown Racecourse, Foxrock, Dublín 18 (tel.: 01-2897277).

El principal acontecimiento en Irlanda del Norte es la carrera de obstáculos Ulster Harp National, que se celebra en Downpatrick.

La Yeguada Nacional Irlandesa y el Museo Caballar Irlandés se celebran en Tully, Co Kildare (tel.: 045-21617). El museo describe la historia del caballo irlandés desde los tiempos prehistóricos. Su pieza central es el esqueleto de «Arkle», un famoso caballo de carreras.

Las carreras de caballos son populares en Irlanda y constituyen un gran acontecimiento social.

HURLING

El juego nacional es el *hurling*, un entretenimiento antiguo, mencionado ya en las antiguas leyendas irlandesas, que parece un cruce entre rugby, hockey, carrera campo a través y guerra de guerrillas. Jugado entre equipos de 15 hombres corpulentos (existe una versión femenina llamada camogie), se dice que es el juego de campo más rápido del mundo. Los jugadores golpean rápidamente una pequeña pelota de cuero con palos similares a los del hockey. La pelota se puede atrapar, pero no arrojar. Hay campos de *hurling* en toda la República y en algunas partes de Irlanda del Norte, muy parecidos a los de rugby, aunque los postes de las porterías tienen redes que están por debajo del larguero.

RUGBY

En toda la República y en Irlanda del Norte se juegan los partidos locales los fines de semana. Los partidos internacionales tienen lugar en Dublín en el estadio Lansdowne Road. Los detalles se encuentran en la prensa nacional y local.

CONCURSOS DE SALTOS

Constituyen una de las principales atracciones de Irlanda durante los fines de semana, con más de 500 acontecimientos anuales, algunos celebrados en conjunción con ferias agrícolas, que ofrecen un espectáculo atractivo y una visión de la vida rural irlandesa. Se encuentra una lista completa de acontecimientos en la Showjumping Association of Ireland, Anglesea Lodge, Anglesea Road, Dublín 4 (tel.: 01-601700).

BOLOS

Otro juego tradicional que está siendo reavivado en el Ulster son los bolos, un juego que fue popular antes de la llegada de la televisión en Cavan, Donegal, Fermanagh, Leitrim y Monaghan. El juego está reapareciendo en ferias y festivales y en Co Fermanagh ya se han celebrado campeonatos.

DEPORTES DE PARTICIPACIÓN

En Irlanda resulta fácil encontrar aire fresco y buena forma, gracias a las inmensas oportunidades para realizar actividades al aire libre. En numerosos hoteles de lujo y lugares turísticos también se encuentran instalaciones cubiertas como gimnasios y piscinas.

DEPORTES ECUESTRES

Irlanda y caballo son sinónimos, y hay centros de equitación por todas partes, tanto residenciales como no. Incluso los visitantes que se queden en Dublín o en Belfast no tendrán que desplazarse mucho para poder subirse a una silla de montar.

Entre los aproximadamente 20 establecimientos de la zona de Dublín están el centro ecuestre Carrickmines, Glena-

muck Road, Foxrock, Dublín 18 (tel.: 01-2955990), y también la escuela de equitación Malahide, Co Dublin (tel.: 01-463622). Ambos están abiertos todo el año.

El establecimiento de equitación más cercano a Belfast en el Centro Ecuestre Lagan Valley, en 172 Upper Malone Road, Belfast (tel.: 0232-614853, cerrado los domingos).

En muchas zonas rurales se pueden efectuar excursiones por senderos con posibilidad alojamiento nocturno en granjas, hogares rurales y hoteles, o en centros de descanso.

También hay posibilidad de que los visitantes puedan participar en cacerías.

Se puede obtener información sobre vacaciones ecuestres de cualquier Irish Tourist Board u oficina del Tourist Board de Irlanda del Norte, o bien en la Association of Irish Riding Establishments, Daffodil Lodge, Eadestown, Naas, Co Kildare (tel.: 01-955990).

Las instalaciones deportivas de Irlanda no envidian a las de ningún otro país.

GOLF

Hay aproximadamente 250 campos de golpe en la República y otros 80 en Irlanda del Norte, que reciben a visitantes. Los de la zona de Dublín incluyen el Royal Dublin Golf Club, en North Bull Island (tel.: 01-336346) y el Arnold Palmer, en el Hotel Kildare y Club Campestre, Straffan, Co Kildare (tel.: 01-6273111). Belfast cuenta con una docena de clubes a menos de 8 km del centro de la ciudad. En numerosas oficinas turísticas se encuentra información.

VELA

La variada costa de Irlanda, por no hablar de sus numerosos y magníficos lagos, ofrece todas las posibilidades para la práctica del windsurfing o de la vela, hasta las excursiones en lanchas motoras y las carreras oceánicas.

La zona de crucero más popular es la

situada entre el puerto de Cork y la península de Dingle, que ofrece 143 lugares totalmente diferentes para que un barco pueda anclar con la debida seguridad y pasar tranquilamente una noche. Los puertos como Youghal, Dunmore East y Kinsale dan la bienvenida a los regatistas en sus afables bares y restaurantes.

Existen escuelas de vela situadas en una serie de lugares a lo largo del mar de Irlanda y de las costas atlánticas. Se puede obtener más información en la Irish Association for Sail Training, Confederation House, Kildare Street, Dublín 2 (tel.: 01-779801).

El Irish Tourist Board publica un folleto con detalles de todas las compañías que alquilan yates. En Irlanda del Norte, el centro de visitantes de Lakeland, en Shore Road, Enniskillen, Co Fermanagh (tel.: 0365-323110), dispone de información sobre todos los servicios de deportes acuáticos en el Lough Erne.

TENIS

Aunque el clima de Irlanda no suele acompañar la práctica de este deporte, el tenis está aumentando gradualmente su popularidad. Ya se encuentran pistas públicas en ciudades grandes y pequeñas, y unos 100 hoteles tienen pistas de hierba o de cemento.

Dublín está bien atendida con instalaciones públicas en Bushy Park (tel.: 01-900320), Herbert Park (tel.: 01-684364) y St. Anne's Park (tel.: 01-313697). Para más información ponerse en contacto con el Irish Lawn Tennis Association, 22 Upper Fitzwilliam Street, Dublín (tel.: 01-610117).

PESCA

Pocos países ofrecen una tal profusión de aguas tan bien surtidas de pesca como Irlanda, y pocos comercializan de un modo tan experto y accesible sus facilidades para la pesca con caña. Los festivales y competiciones de pesca con caña de todo tipo se hallan abiertos a los visitantes y son actividades que se practican durante todo el año en Irlanda.

Para pescar en aguas privadas hay que obtener el permiso del propietario. Para pescar en el mar no se necesita licencia.

Si está en la República, asegúrese de alojarse en un establecimiento aprobado y perteneciente al Bord Fáilte. El alojamiento especializado ofrece amenidades tales como cenas servidas para adaptarse a los horarios ideales para la pesca, copiosa agua caliente, una sala para guardar las cañas y secado de ropa por la noche. Sus capturas pueden ser congeladas o ahumadas para que se las lleve a casa.

Para la lista de alojamientos aprobados, publicada en la *Angler's Guide to Ireland*, escriba a Bord Fáilte (Irish Tourist Board), Baggot Street Bridge, Dublín 2 (tel.: 01-765871). También puede conseguir gratuitamente *Ireland Angling. Only the Best*, con mapas, sobre pesca fluvial y de altura.

El Tourist Board de Irlanda del Norte publica *Where to Stay in Northern Ireland*, donde se encuentra una lista de una variedad de alojamientos. El libro se puede pedir enviando un cheque o contrarreembolso de 3,50 libras irlandesas o equivalentes a la Tourist Information Office, NITB, St. Anne's Court, 59 North Street, Belfast BT1 1NB (tel.: 0232-231221/246609). El NITB también publica boletines gratuitos de información sobre pesca de altura (número 9), pesca desde la costa (número 10), pesca fluvial (número 23) y pesca con red (número 28).

Para las direcciones de las oficinas en el extranjero véase la pág. 189.

Para obtener la última información sobre licencias y permisos, póngase en contacto con la oficina de información turística apropiada de Fisheries Conservancy Board (licencias para pesca con caña), o con el Departamento de Agricultura (para los permisos).

DIRECCIONES

Fisheries Conservancy Board
1 Mahon Road, Portadown, BT62 3EE (tel.: 0762-334666).
Departamento de Agricultura
(Fisheries), Stormont, Belfast BT4 3PW (tel.: 0232-763939).

ACTIVIDADES DE AVENTURA

Las montañas de Irlanda son cadenas bastante onduladas, antes que picos altos y escarpados, lo que significa que no hay corrientes de aire peligrosas.

Si a ello se añade el hecho de que la mayoría de las laderas están desprovistas de árboles, líneas eléctricas y otros inconvenientes, y que muchas de ellas permiten un blando aterrizaje sobre turba, está claro que Irlanda cuenta con condiciones casi ideales para el paracaidismo y el deslizamiento aéreo. Durante un buen día, los pilotos pueden planear durante horas seguidas. Hay visitas con guía entre marzo y septiembre, y también enseñanza y supervisión.

El paracaidismo, que puede conducir al entusiasta al deslizamiento, se practica los fines de semana en los dos centros de Irlanda. Alguien que salte por primera vez puede hacerlo desde un avión después de un día de entrenamiento.

Pocas colinas y montañas de Irlanda sobrepasan los 920 m de altura, aunque ofrecen ascensiones, belleza y soledad. En las zonas principales funcionan equipos de rescate de montaña y helicópteros de apoyo. Como hay pocos senderos marcados, deberían llevarse siempre mapas y brújula.

Ballina está en la desembocadura del Moy, uno de los mejores ríos salmoneros de Irlanda.

El piragüismo es uno de los deportes que crece con mayor rapidez en Irlanda, tanto en aguas costeras como interiores. Se practica durante todo el año, y además de efectuar excursiones en canoa. y de acampar, opciones que suelen elegir muchos visitantes, tienen lugar maratones de verano, carreras en aguas planas así como surfing para los más experimentados y diestros.

Otros aspectos del piragüismo son las carreras en aguas bravas, trayectos cronometrados por trozos de aguas bravas de los ríos, eslaloms y otros.

DIRECCIONES

Irish Hang-Gliding Association
Irish Canoe Union, Parachute Association of Ireland, y Hill Walking and Rock Climbing, ambas en House of Sport, Long Mile Road, Walkinstown, Dublín 12 (tel.: 01-501633 para deslizamiento y piragüismo, y 01-509845 para paracaidismo y montañismo).

Ulster Hang-Gliding Club
(Tom Purves), 43 Rensevyn Park, Whitehead, Irlanda del Norte BT38 9LY (tel.: 09603-868141).

Comida y bebida

Los establecimientos para salir a comer en la República y en Irlanda del Norte varían desde las cafeterías y pubs hasta los restaurantes de primera calidad y el castillo que ofrece cenas al estilo medieval. Generalmente, los precios son más baratos en el Norte. Es prudente reservar o llegar temprano incluso para la velada más casual, y eso se aplica particularmente los domingos en el Norte, donde algunos establecimientos cierran. Algunos restaurantes, incluidos los de los hoteles de las dos Irlandas, sirven comida durante casi todo el día, con almuerzos, aperitivos, meriendas, para luego cerrar a las 19.00 o 20.00. La gente suele comer temprano, excepto en los lugares de moda de las grandes ciudades.

Calcule pagar alrededor de 1,80 £ por una pinta de Guinness, aunque otras marcas pueden ser más baratas. En algunos locales sin licencia para vender bebidas alcohólicas no les importa que lleve usted su propio vino.

El símbolo £ se usa como guía aproximada acerca del precio del establecimiento para una comida de tres platos, sin incluir vino o café. Los recargos por servicio, si es que existen, varían, de modo que compruebe el menú.

£	=	menos de 10 £
££	=	10-15 £
£££	=	15-20 £
££££	=	más de 20 £

LEINSTER
DUBLÍN CENTRAL

Ante Room Seafood Restaurant ££
También vegetariano, ternera irlandesa y cordero.
20 Lower Baggot Street, Dublín 2 (tel.: 01-604716/618832).

Bad Ass Cafe £
Una pizzería con diversión y ruido, vídeo, música enlatada y en directo. Sirven vasos de vino.
9-11 Crown Alley, Dublín 2 (tel.: 01-712596).

Brokers Restaurant ££
Restaurante familiar irlandés con licencia para la venta de bebidas alcohólicas. Comida tradicional y vegetariana.

25 Dame Street, Dublín 2 (tel.: 01-6793534).

Le Caprice £££
Comida italiana/continental. Pastas, ternera, vegetariana.
12 St. Andrew's Street, Dublín 2 (tel.: 01-6794050).

The Cedar Tree Lebanese Restaurant ££
Auténtica cocina libanesa y platos vegetarianos en estilo árabe «caverna».
11a St. Andrew's Street, Dublín 2 (tel.: 01-772121).

Chapter One £££
Cocina irlandesa y continental, vegetariana. Basada en el Museo de los Escritores de Dublín.
18-19 Parnell Square North, Dublín 2 (tel.: 01-217766).

The Commons Restaurant ££££
Comida internacional clásica.
Newman House, 85-86 St. Stephen's Green, Dublín 2 (tel.: 01-752597). Cerrado los domingos.

Dillon's Restaurant ££
Cocido irlandés, filetes, pescado, vegetariano.
21 Suffolk Street, Dublín 2 (tel.: 01-774804).

Old Dublin Restaurant ££££
Cocina rusa y escandinava, con el pescado como especialidad.
91 Francis Street, Dublín 8 (tel.: 01-542028/542346). Cerrado el domingo.

Polo's ££££
Acuda por la decoración y el arte moderno, así como por la comida californiana y continental.
Schoolhouse Lane, junto a Molesworth Street, Dublín 2 (tel.: 01-766442/763362). Cerrado el domingo.

Restaurant Tosca £
Pasta, pizza, comida italiana sencilla durante todo el día, hasta tarde.
20 Suffolk Street, Dublín 2 (tel.: 01-6796744).

The Shelbourne Hotel Dining Room ££££
Cocina irlandesa moderna en un hotel histórico.
27 St. Stephen's Green, Dublín 2 (tel.: 01-766471).

SUR DE DUBLÍN

Chandni's Restaurant ££
Notable comida Tandoori, acompañada con música de cítara.
174 Pembroke Road, Ballsbridge, Dublín 4 (tel.: 01-681458/689088). Cerrado el domingo para el almuerzo.

Ernie's ££££
Creado alrededor de una morera. Se exponen numerosas pinturas irlandesas. Asados al carbón, y caza en la temporada.
Mulberry Gardens, Donnybrook, Dublín 4 (tel.: 01-2693300/2693260). Cerrado domingo y lunes.

Jury's Hotel and Towers Coffee Dock ££
Hotel de gran calidad con tres restaurantes y esta cafetería. Comidas rápidas y completas.
Ballsbridge, Dublín 4 (tel.: 01-605000). Abierto: 6.00-4.30 del día siguiente, de martes a sábado; 7.00-23.00 los domingos y lunes.

Kitty O'Shea's ££
Espacioso restaurante de 200 asientos de la época de Parnell, finales del siglo XIX.
23-25 Upper Grand Canal Street, Dublín 4 (tel.: 01-609965/608050).

Locks £££
Pequeño restaurante al estilo provincial francés junto al Gran Canal. Cocina clásica y moderna.
1 Windsor Terrace, Portobello, Dublín 8 (tel.: 01-543391/538352). Cerrado los sábados a la hora del almuerzo y el domingo.

Sachs £££
Pequeño restaurante de estilo georgiano que sirve pescado, filetes, aves de corral, platos vegetarianos y sin gluten.
Donnybrook, Dublín 4 (tel.: 01-680995).

Plato bueno y sólido, el cocido irlandés se hace tradicionalmente con cordero.

Irlanda es famosa por su excelente salmón y variedad de pescados.

NORTE DE DUBLÍN
Brahms & Liszt ££
Restaurante familiar cerca del aeropuerto de Dublín. Amplia selección de platos a precios competitivos.
Swords Road, Santry, Dublín 9 (tel.: 01-8428383).

CO CARLOW
The Lord Bagnel Inn ££
Buena comida en un ambiente agradable.
Leighlinbridge (tel.: 0503-21668).

CO DUBLIN
Abbey Tavern ££££
Fuegos con turba, paredes de piedra original, suelos embaldosados y luces de gas. Especializado en pescado.
Abbey Street, Howth (tel.: 01-390307). Cerrado el domingo.

Ayumi-Ya (restaurante japonés) £££
Cocina japonesa. Teppan-Yaki, sushi, vegetariano.
Newpark Centre, Newtown Avenue, Blackrock (tel.: 01-2831767/944396).

Bon Appetit ££££
Pescado fresco, ternera, filetes, pato. También platos vegetarianos y sin gluten.
9 James Terrace, Malahide (tel.: 01-450314/452206). Cerrado el domingo.

Cooper's Wine Bar ££
Comida india, china y europea en un local reconvertido del siglo XVIII.
8 The Crescent, Monkstown (tel.: 01-2842037/2842995).

De Selby's ££
Precios razonables en un lugar con personalidad. Platos vegetarianos y sin gluten.
17-18 Patrick Street, Dun Laoghaire (tel.: 01-2841761/2.

Healy's Black Lion Inn ££
Fundada en 1838, la posada se especializa en filetes y pescado.
Orchard Road, Main Street, Clondalkin, Dublín 22 (tel.: 01-574814/574253). Abierto de 12.00 a 23.30 (22.30 el domingo).

Howth Lodge Hotel Restaurant £££
Hotel familiar de tres estrellas de la AA, sirve asados al carbón, y pescado fresco.
Howth (tel.: 01-321010).

Red Bank Restaurant ££££
El chef-propietario cocina las capturas del día, desembarcadas por la noche en el muelle.
7 Church Street, Skerries (tel.: 01-8491005). Cerrado el domingo y el lunes.

Roches Bistro £££
Cocina francesa preparada delante de los clientes.
12 New Street, Malahide (tel.: 01-452777).

**Stillorgan Park Hotel
(The Carvery Room) ££**
Excelente relación calidad-precio. Notable por las exquisitas costillas de vaca.
Stillorgan (tel.: 01-2881621). Cerrado el sábado a la hora del almuerzo.
Truffles Restaurant ££££
Caza local fresca y pescado.
Fitzpatrick's Castle Hotel, Killiney (tel.: 01-2840700).

CO KILDARE
Red House Inn £££
Alta cocina, verduras cultivadas en casa. Fuego de turba.
Newbridge (tel.: 045-31516/31657). Cerrado el domingo y el lunes.
Springfield Hotel £££
Hotel dirigido familiarmente. Platos vegetarianos.
Leixlip (tel.: 01-62449265). Abierto de 12.30 a 23.30.

CO KILKENNY
Mount Juliet Hotel (Lady Helen Mc Calmont Restaurant) ££££
Exquisita mantelería, cristal y plata que reflejan la cocina de calidad.
Thomastown (tel.: 056-24455).
Parliament House £££
Ambiente victoriano. Sirven platos vegetarianos y sin gluten.
24-25 Parliament Street, Kilkenny (tel.: 056-63666).

CO WESTMEATH
The Castle Pantry ££
Cocina hogareña de calidad en un castillo de 600 años de antigüedad. Platos vegetarianos.
Tyrrellspass Castle (tel.: 044-23105).
Jolly Mariner ££
Restaurante grande y agradable junto al río Shannon. Sirve platos vegetarianos.
Abbey Road, Athlone (tel.: 0902-721113/ 728892). Cerrado el lunes y martes (excepto de junio a agosto).

CO WEXFORD
The Bohemian Girl ££
El chef-propietario prepara la carne y el pescado y ha obtenido premios con frecuencia.
North Main Street, Wexford (tel.: 053-24419).
Hotel Rosslare £££
Comida de bar que ha logrado premios. Restaurante a mano para los pasajeros del ferry.
Frente al puerto de Rosslare (tel.: 053-33110).

CO WICKLOW
Pizza del Forno ££
Restaurante que sirve filetes y pizzas.
The Mall Centre, Main Street, Wicklow (tel.: 0404-67075).
Tree of Idleness ££££
Platos internacionales de gourmet, incluidos griegos. Lista de vinos que ha obtenido premios.
Seafront, Bray (tel.: 01-2863498/2828183). Cerrado el lunes.

MUNSTER
CO CLARE
Auburn Lodge Hotel ££
Comida irlandesa e internacional; platos vegetarianos.
Galway Road, Ennis (tel.: 065-21247).
Bali Room Restaurant £££
Comida indonesia e irlandesa en un restaurante pequeño y agradable.
Weaver Inn, Newmarket-on-Fergus (tel.: 061-368114). Cerrado el domingo.
Dromoland Castle ££££
Impresionantes candelabros y apliques que ofrecen un ambiente romántico para una velada especial. Espere pagar más de 45 £ por persona à la carte.
Newmarket-on-Fergus (tel.: 061-71144).
Marine Restaurant ££
Pequeño establecimiento con fama por su buena relación calidad-precio.
Circular Road, Kilkee (tel.: 065-56093).

CO CORK

Barn Restaurant £££
Verduras irlandesas, cocina singular.
Lotamore, Glanmire (tel.: 021-866211).

Bistro Seafood Winebar £££
Se especializa en verduras frescas locales.
Guardwell, Kinsale (tel.: 021-774193). No se sirven almuerzos de lunes a sábado.

Blarney Park Hotel (Clancarthy Restaurant) ££
Comida de grano entero, ambiente relajado.
Blarney (tel.: 021-385281).

Casey's Cabin ££
Acuda por la vista y el pescado.
Baltimore (tel.: 028-20197). Cierra a las 21.00 y también el domingo, 14.00-17.00.

Castle Hotel ££
Hotel dirigido a nivel familiar que ha obtenido premios por el menú turístico.
Macroom (tel.: 026-41074). Cierra a las 20.30.

Dun-Mhuire Restaurant ££
Especialidad en pescado. Se sirven platos vegetarianos.
Kilbarry Road, Dunmanway (tel.: 023-45162). Cerrado domingo, lunes y martes.

Doloree House £££
Desde platos continentales exquisitos hasta productos locales frescos. Platos vegetarianos y sin gluten.

Lisavaird, Clonakilty (tel.: 023-34123). Cerrado lunes, excepto fiestas bancarias.

Finins £££
Comida de calidad, menú de bar.
75 Main Street, Midleton (tel.: 021-631878/632382). Cerrado el domingo.

John Barleycorn Inn £££
Filetes, pescado fresco. Platos vegetarianos y sin gluten.
Riverstown, Glanmire (tel.: 021-821499).

McCarthy's ££
Buen ambiente, del viejo mundo.
Blackrock Castle, Blackrock, ciudad de Cork (tel.: 021-357414/358109). Cerrado lunes y martes para la cena.

Tung Sing ££
Restaurante chino y platos de Cork.
23a Patrick Street, Cork (tel.: 021-274616).

Vickery's Inn £££
Menús variados. Comida de bar todo el día.
New Street, Bantry (tel.: 027-50006).

Victoria Hotel ££
Comidas vegetarianas en el menú.
Macroom (tel.: 026-41082).

Westlodge Hotel £££
Especialidad en pescado. Se atiende a los niños.
Bantry (tel.: 027-50360).

CAPITAL GOURMET

A principios de octubre acude gente de todo el mundo al puerto pesquero de Kinsale, donde se celebra un Festival Internacional del Gourmet que dura cuatro días. La ciudad atrae durante todo el año a comensales expertos y se ha establecido firmemente como capital del gourmet de Irlanda.

En 1975 se unieron 12 restaurantes para formar el Círculo de la Buena Mesa de Kinsale, y en todos ellos se sirve excelente pescado. Los vegetarianos siempre pueden encontrar algo sabroso e insólito, como la sopa de ortigas, y *courgette* y pastel de hierbas en el Cottage Loft, en Main Street. Las espinacas silvestres locales y los mejillones, también locales, se incluyen en el menú del Blue Haven, junto al viejo mercado de pescado. La sopa de nueces es un plato interesante como entrante, en The Captain's Table, en el hotel Acton, y en el Max's Wine Bar de Main Street se sirven un memorable pescado monje con salsa tarragón en vino blanco.

Windmill Tavern £££
Pescado y platos de gourmet.
46 North Street, Skibbereen (tel.: 028-21606). Cerrado domingos en invierno.

CO KERRY
Arbutus Hotel (Pat's Restaurant) £
Comidas frescas hechas en casa.
College Street, Killarney (tel.: 064-31037).

Beginish Restaurant £££
Se pone el énfasis en el pescado.
Green Street, Dingle (tel.: 066-51588). Cerrado los lunes.

Chez Jean-Marc £££
Cocina francesa imaginativa.
29 Castle Street, Tralee (tel.: 066-21377). Cerrado el domingo.

**Eviston House Hotel
(Colleen Bawn Restaurant) £££**
Comida exquisita en ambiente elegante.
New Street, Killarney (tel.: 064-31640).

Failte Family Inn £££
Pescado, filetes, platos vegetarianos y otros muchos.
College Street, Killarney (tel.: 064-33404).

Kiely's Restaurant ££
Cena muy amplia y à la carte.
College Street, Killarney (tel.: 064-31656).

The Three Mermaids £££
Pub/restaurante que ha obtenido notables premios.
William Street, Listowel (tel.: 068-21184/22443).

CO LIMERICK
The Castle Oaks Hotel £££
Comedor de estilo georgiano desde donde se domina el río Shannon.
Castleconnell (tel.: 061-377666).

Mustard Seed £££
Más de cien platos ofrecidos en una casa del pueblo, se ofrece cocina irlandesa original.
Adare (tel.: 061-396451). Cerrado el domingo, lunes y todo el mes de febrero.

Patrick Punches ££
Asados, ternera y pescado.
Punches Cross, Limerick (tel.: 061-27149/29588).

Shangrila ££
Platos de Pekín y cantoneses.
103 O'Connell Street, Limerick (tel.: 061-414177).

CO TIPPERARY
Buttermarket Restaurant «La Scala» ££
Restaurante afable dirigido a nivel familiar. Platos vegetarianos.
Market Street, Conmel (tel.: 052-24147). Cerrado los domingos por la noche.

The Fox's Den £££
Restaurante bodega con carácter.
Modreeny, Cloughjordan (tel.: 0505-42210, después de las 14.30). Cerrado domingos y lunes por la noche.

Gurthalougha House ££££
Cena a la luz de las velas servida a partir de las 20.00 en una casa de campo. La reserva es esencial. Muelle para lanchas.
Ballinderry, Nenagh (tel.: 067-22080).

CO WATERFORD
Dwyers of Mary Street ££
Pequeño y tranquilo restaurante con un menú corto pero impactante.
8 Mary Street, Waterford (tel.: 051-77478/71183). Cerrado domingos.

Merry's ££
Restaurante de pescado en una bodega del siglo XVII. Comida de bar durante todo el día.
Lower Main Street, Dungarvan (tel.: 058-41974/42818).

The Ship £££
Menú amplio que incluye pescado; comida vegetariana.
Dunmore East, Waterford (tel.: 051-83141/83144).

Waterford Castle £££
El chef Paul McCloskey usa productos orgánicos locales.
The Island, Ballinakill (tel.: 051-78203).

CONNACHT
CO GALWAY

Boluisce Cottage Bar ££
Bar y restaurante de pescado que también sirve platos vegetarianos. Ha obtenido un premio.
Spiddall Village, Connemara (tel.: 091-83286).

Connemara Coast Hotel (The Gallery) £££
Vistas sobre la bahía de Galway; exposición de cuadros originales; música de piano en directo.
Furbo (tel.: 091-92108).

Dun Aonghusa ££
Restaurante desde el que se domina la bahía de Galway.
Kilronan, Inishmore, islas Aran (tel.: 099-61104).

Galleon Restaurant £
Famoso por su buen cocido irlandés, pescado y filetes a precios económicos.
Salthill, Galway (tel.: 091-21266/22963). Abierto hasta media noche.

Glynsk House £££
Langosta, salmón, ostras, mejillones, langostinos y otros mariscos.
Carna Road, Cashel, Connemara (tel.: 095-32279).

Lydon's ££
Restaurante de tipo familiar. Se atiende a los niños.
5 Shop Street, Galway (tel.: 091-64051/66586).

Meadow Court Restaurant/Bar £££
Establecimiento que ha obtenido diversos premios, especializado en pescado fresco y amplia cocina internacional.
Loughrea (tel.: 091-41051/41633).

Owenmore Restaurant ££
Restaurante de casa de campo que sirve platos frescos hechos en casa; especialidad en pescado local.
Ballynahinch Castle, Recess, Connemara (tel.: 095-31006). Cerrado en febrero.

Paddy Burkes £££
Expertos de todo el mundo acuden aquí para tomar la ostra Clarenbridge. Filetes y pescado.
The Oyster Inn, Clarenbridge (tel.: 091-96226).

Peacocks ££
Pescado fresco y filetes de calidad a precios competitivos.
Maam Cross (tel.: 091-82306).

CO MAYO

The Moorings ££
Cocina cordon bleu, ingredientes locales frescos en restaurante familiar.
The Quay, Westport (tel.: 098-25874). Cerrado el domingo.

Swiss Barn Speciality Restaurant £££
Pequeño restaurante altamente cualificado que ofrece fondues, langosta a la thermidor y helados caseros.
Foxford Road, Ballina (tel.: 096-21117). Cerrado lunes, excepto fiestas bancarias.

CO SLIGO

Dragon House Restaurant ££
Platos cantoneses, de pescado y vegetarianos.
17 Temple Street, Sligo (tel.: 071-44688/44696).

ULSTER
BELFAST CENTRAL

Fat Harry's £
Filetes, parrilla.
91 Castle Street, BT1 (tel.: 0232-232226). Abierto por la noche hasta las 21.00.

Front Page £
Gambas al ajillo y merlango a la mornay. Platos vegetarianos.
106 Donegall Street, BT1 (tel.: 0232-324269). De lunes a sábado, 12.00-21.30.

Nick's Warehouse ££
Pruebe la ensalada caliente de pechuga de palomo con aderezo balsámico, o el mousse de salmón ahumado como entrante. Comida vegetariana imaginativa.
35-39 Hill Street, Belfast 1 (tel.: 0232-439690). Cerrado sábado y domingo.

BELFAST: MILLA DORADA

Arthur's ££
Pruebe los profiteroles al mousse de marisco o la escalopa de cerdo con Stilton y salsa de frambuesa.
7 Hope Street, BT2 (tel.: 0232-333311). Cerrado el domingo.

Bananas ££
Buena comida continental y oriental: kebabs de cordero escabechado; platos vegetarianos.
4 Clarence Street, BT2 (tel.: 0232-339999). Cerrado domingo.

La Belle Epoque £££
Cocina francesa, se sirve caza en la temporada.
61 Dublin Road, BT2 (tel.: 0232-331532).

Café Orleans £
Pasta, filetes y pescado.
34 Bedford Street, BT2 (tel.: 0232-325061). Cerrado domingo y lunes.

Charmers ££
Pruebe las setas rellenas o pavlova.
85 Dublin Road, BT2 (tel.: 0232-238787). Cerrado domingo.

China Town £
Buena comida cantonesa.
60 Great Victoria Street, BT2 (tel.: 0232-230115).

House of Moghul ££
Comida europea e india.
60 Great Victoria Street, BT2 (tel.: 0232-243727).

Roscoff ££££
Paul Rankin, el propietario, se formó bajo la dirección del chef Albert Roux.
7 Lesley House, Shaftesbury Square, Belfast 2 (tel.: 0232-331532). Cerrado el domingo.

BELFAST: ZONA UNIVERSITARIA

The Ashoka ££
Comida india y europea, con festival gastronómico el domingo y el lunes en verano.
363 Lisburn Road, Belfast 9 (tel.: 0232-660362).

Chez Delbart ££
Bistro francés, crêpes, mejillones.
10 Bradbury Place, Belfast 7 (tel.: 0232-38020).

Dukes Hotel ££££
Cocina francesa moderna usando ingredientes de calidad del Ulster. Amplia lista de vinos.
65 University Street, BT7 (tel.: 0232-236666).

Errigle Inn ££
Música en directo, jardín-terraza.
320 Ormeau Road, BT7 (tel.: 0232-641410).

Maloney's ££
Inaugurado en 1991. Cangrejo en croûte, créme bavarois.
33 Malone Road, BT9 (tel.: 0232-682929). Cerrado el domingo para el almuerzo.

New Jade Palace ££
Ofrece a sus clientes comida china, cantonesa y europea.
717 Lisburn Road, BT9 (tel.: 0232-381116).

Saints & Scholars ££
Especialidad en brie irlandés frito.
3 University Street, BT7 (tel.: 0232-325137).

Muchos pubs y hoteles de Galway sirven ostras frescas y Guinness.

BELFAST: AL ESTE DEL RÍO LAGAN

Four Winds Inn £££

Las chimeneas encendidas ofrecen un ambiente agradable. Por la noche à la carte.
111 Newton Park, BT8 (tel.: 0232-401957). Cerrado domingo.

BELFAST NORTE

Ben Madigan ££££

En las laderas de Cave Hill, vistas de la ciudad y la costa. Pruebe la comida del Ulster.
Belfast Castle, Antrim Road, BT15 (tel.: 0232-776925).

Strathmore Inn £

Filetes, a la brasa, ensaladas, almuerzo de menú, á la carte.
192 Cavehill Road, BT15 (tel.: 0232-391071).

CO ANTRIM

Adair Arms Hotel ££

Sopa de langosta, caracoles en mantequilla al ajillo, comida á la carte.
Ballymoney Road, Ballymena (tel.: 0266-653674). Últimos pedidos a las 21.30 los días laborables; el domingo a las 19.45.

Angelo's Ristorante £

Canelones, lasagne. No sirve alcohol pero los clientes pueden llevar su propio vino.
3 Market Lane, Lisburn (tel.: 0846-672554). Cerrado domingo y lunes.

Ballyarnott House £££

Cocina hogareña.
Oldstone Hill, Antrim (tel.: 0266-63292). Cierra a las 21.00.

Bushmills Inn £££

Iluminación de gas, fuego de turba, uso de productos locales. Especialidad: salmón del río Bush y whiskey Bushmills.
25 Main Street, Bushmills (tel.: 02657-32339).

Carriages £

Grills y pizzas.
105 Main Street, Larne (tel.: 0574-275132). Cerrado para el almuerzo del domingo.

Chimney Corner Hotel ££

Filetes, grills; servicio rápido, cerca del aeropuerto internacional. Buen menú à la carte.
630 Antrim Road, Glengormley (tel.: 0232-844925).

Dionysus ££

Comida griega e inglesa. Buena mezze y souvlaki.
53 Eglinton Street, Portrush (tel.: 0265-823855).

Ginger Tree £££

Comida japonesa.
29 Ballyrobert Road, Ballyclare (tel.: 0232-848176). Cerrado domingo.

Grouse Inn ££

Buen restaurante con paneles de madera y también bar-grill. Ingredientes locales frescos de la temporada.
2-12 Springwell Street, Ballymena (tel.: 0266-45234). Cerrado el domingo.

Harbour Inn £

Pescado fresco.
5 Harbour Road, Portrush (tel.: 0265-825047).

Hillcrest Country House ££

Cerca de la Calzada del Gigante, vistas panorámicas sobre la costa. Notable por el pescado y las salsas.
306 Whitepark Road, Bushmills (tel.: 02657-31577). Abierto sólo los fines de semana, de noviembre a abril.

Jim Baker Restaurant £

Grills rápidos en la bolera.
Ballysavage Road, Parkgate, Templepatrick (tel.: 08494-32927). Cerrado el domingo.

Londonderry Arms ££

Comida fresca y sencilla, estilo hogareño en antigua posada de carruajes. Excelente pan casero.
20-28 Harbour Road, Carnlough (tel.: 0574-885255).

Lotus House ££

Comida china y europea.
58 Bow Street, Lisburn (tel.: 0846-678669).

Magherabuoy House Hotel £££
Vista sobre la costa. Salmón fresco.
Magheraboy Road, Portrush (tel.: 0265-823507).

Sleepy Hollow £££
Pruebe las pechugas de palomo asadas en vino tinto. También se puede disfrutar de una galería de arte dentro del propio restaurante.
15 Kiln Road, Newtownabbey (tel.: 0232-342042). Abierto miércoles a sábado, 7.00-21.30.

Templeton Hotel £££
Se atiende a todos los gustos, incluidos los vegetarianos. Especialidades locales. Comida à la carte.
882 Antrim Road, Templepatrick (tel.: 08494-32984).

The Wallace £££
Pequeño restaurante, sin embargo su menú es imaginativo y que se cambia con frecuencia.
12-13 Bachelor's Walk, Lisburn (tel.: 0846-665000). Cerrado el domingo por la noche.

CO ARMAGH

Carngrove Hotel ££
El menú de este restaurante incluye pato, paella y también se sirve comida à la carte.
2 Charlestown Road, Portadown (tel.: 0762-339222).

Digby's & Red Grouse £
Filetes, kebabs.
53 Main Street, Killylea (tel.: 0861-568330). Cerrado lunes y martes por la noche.

Drumhill House Hotel ££
Salmón, langosta.
35 Moy Road, Armagh (tel.: 0861-522009). El último pedido se ha de hacer antes de las 21.30.

Rainbow £
Comida china y europea.
59 Scotch Street, Armagh (tel.: 0861-26556).

Welcome ££
Comida china y europea.
16 Bridge Street, Portadown (tel.: 0762-332325).

Waterford y Limerick son bien conocidos por sus extraordinarios jamones cocidos.

CO DONEGAL

Danby Restaurant £££
Amplio menú que incorpora en sus platos verduras y hierbas cultivadas en el propio jardín.
Rossnowlagh Road, Ballyshannon (tel.: 072-51138). Cerrado el domingo.

Danny Minnies £££
Especialidad en pastas. Fuego de turba en ambiente agradable.
Teach Killendarragh, Annagry (tel.: 075-48201).

Errigal Restaurant £
Local familiar, con buena selección de comida y buen precio. Menú para niños.
Main Street, Donegal (tel.: 073-21428).

Strand Hotel £££
Variedad de platos preparados en casa servidos en este hotel de propiedad familiar.
Ballyliffen (tel.: 077-76107).

EL AGUA DE LA VIDA

Los soldados veteranos saben que uno nunca debe presentarse voluntario para nada. Pero pueden equivocarse. Los voluntarios afortunados (u oportunistas) que visitan el Irish Whiskey Corner, en Dublín, o el Jameson Heritage Centre en Midleton, Co Cork, se enfrentan a un raro desafío de cata: elegir su favorito de entre cinco whiskeys irlandeses populares y compararlos con un escocés o un bourbon. Se sabe que son muchos los que han cambiado su hábito de bebida de toda la vida.

Aparte de que se escribe de modo diferente, el irlandés es diferente al whisky escocés. En Escocia, la cebada malteada que forma la base del licor se seca sobre un fuego de turba abierto, lo que le imparte su característico sabor ahumado. Los irlandeses secan la suya en hornos libres de humo, produciendo un sabor claro y limpio a

Reluciente alambique de cobre de la destilería Midleton.

cebada. Otra diferencia es que el whiskey irlandés se destila tres veces, mientras que la mayoría de los licores similares producidos en otras partes sólo se destilan dos veces.

El arte de la destilación fue descubierto hace en el Oriente Medio (Aristóteles ya mencionó el proceso en el siglo IV a. de C.), pero fue usado primero para fabricar perfume.

Los irlandeses no tardaron en encontrarle un mejor uso en cuanto los misioneros cristianos introdujeron la destilación, hacia el

600 d. de C. Descubrieron un buen nombre para el nuevo producto: «agua de la vida». Los soldados ingleses que servían en Irlanda en el siglo XII acortaron la frase irlandesa: *Uisce Beatha* para formar la de whiskey, y el nombre se mantuvo.

Irlanda llegó a tener más de 2.000 destilerías. En la actualidad, sólo quedan dos: en Midleton y Bushmills, Co Antrim. Bushmills, que tiene licencia de fabricación desde 1608, es la destilería legal más antigua de Irlanda. Como la de Midleton y el Irish Whiskey Corner, tiene un centro de visitantes.

CO DOWN
Abbey Lodge Hotel ££
Ostras frescas y crêpes.
Belfast Road, Downpatrick (tel.: 0396-614511). Último pedido a las 21.30.

Adelboden Lodge £££
Sencilla cocina hogareña, incluido un menú vegetariano. La chef-propietaria, Margaret Waterworth, es conocida por su pan de trigo entero.
38 Donaghadee Road, Groomsport (tel.: 0247-464288). Cerrado domingo y lunes.

Burrendale Hotel £££
Buena comida y cálida bienvenida.
51 Castlewellan Road, Newcastle (tel.: 03967-22599). Almuerzo sólo el domingo en el restaurante, y almuerzos en el bar durante toda la semana.

Culloden Hotel £££
Productos frescos usados en el restaurante Mitre; pruebe la crema de sopa Mitre.
Craigavad, Holywood (tel.: 0232-425223). No se sirve almuerzo el sábado.

Daft Eddy's £
Vale la pena hacer el recorrido por la calzada hasta la isla por el filete, el salmón y los langostinos.
Isla Sketrick, Whiterock, Killinchy (tel.: 0238-541615). Cerrado domingo y lunes por la noche.

Dickens £
Pub general donde puede comerse hasta las 21.00.
49 High Street, Holywood (tel.: 0232-428439).

Eastern Tandoori ££
Comida india y europea.
16 Castle Street, Newtownards (tel.: 0247-819541).

The Gaslamp £££
Trucha cocida en salsa de lima y nueces, langostinos a la crema y Chablis.
47 Court Street, Newtownards (tel.: 0247-811225). Cerrado domingo noche.

Granville Arms £ ‾
Cocidos de calidad y comida à la carte.
Mary Street, Newry (tel.: 0693-61785).

Mario's £
Cocina italiana.
65 South Promenade, Newcastle (tel.: 03967-23912). Cerrado el lunes.

Old Schoolhouse £££
Comida fresca interesante, cocinada al modo tradicional.
100 Ballydrain Road, Comber (tel.: 0238-541182). Cerrado lunes.

Peppercorn ££
Sirve productos locales insólitos en salsas hechas de un alga comestible; también sirve ostras y Guinness.
18 Kilmood Church Road, Killinchy (tel.: 0238-541472). Abierto miércoles a sábado, 7.00-22.00.

Portaferry Hotel ££
Mejillones rellenos, ostras, rodaballo.
10 The Strand, Portaferry (tel.: 02477-28231).

The Red Pepper £££
El pescado recién desembarcado. Fondue de queso.
28 Main Street, Groomsport (tel.: 0247-270097). Cierra a las 22.00 en verano; horario reducido en invierno.

CO FERMANAGH
Crow's Nest £
Menú amplio. Desayuno del Ulster todo el día.
12 High Street, Enniskillen (tel.: 0365-325252).

The Hollander ££
Las especialidades incluyen carne a la Wellington y salmón en croûte.
5 Main Street, Irvinestown (tel.: 03656-21231). No se sirve almuerzo el domingo.

Killyhevlin Hotel ££
Menú à la carte completo. Atraques para lanchas visitantes.
Dublin Road, Enniskillen (tel.: 0365-323481).

Manor House Hotel £££
Elegante y exquisita cena a las orillas del Lough Erne.
Killadeas (tel.: 03656-21561).

Melvin House and Bar ££
Agradable hospitalidad, se ofrece comida hogareña.
1 Townhall Street, Enniskillen (tel.: 0365-322040).

CO LONDONDERRY
Beech Hill Country House £££
Menú aventurero; productos locales cocinados al estilo nouvelle; postres irresistibles en una exquisita casa del siglo XVIII en 32 acres de bosque.
32 Ardmore Road, Derry (tel.: 0504-49279).

Bells £££
Domina el Lough Foyle y la ciudad. Pescado local y carne de cordero.
59 Victoria Road, Derry (tel.: 0504-311500). Cerrado el domingo para el almuerzo.

Brown's ££
Surtido de costillas, ensalada César, platos vegetarianos.
1 Victoria Road, Derry (tel.: 0504-45180). Cerrado lunes.

Cloisters £
Lasagne, macarrones.
23 Church Street, Magherafelt (tel.: 0648-32257/33522).

Fiolta's Bistro ££
Platos especiales diarios basados en productos de Co Londonderry, con menú completo.
4 Union Arcade, Magherafelt (tel.: 0648-33522).

Helen's ££
Comida china y europea.
440 Clooney Road, Ballykelly (tel.: 05047-62098).

Macduff's £££
Productos locales del campo, caza en la temporada y Carrageen Moss, un postre tradicional del Ulster.
Blackheath House, 112 Killeague Road, Blackhill, Coleraine (tel.: 0265-68433). No se sirve almuerzo. Cerrado domingo y lunes, excepto julio y agosto.

Metro Bar £
Pruebe el cocido de carne de vaca en Guinness.
3-4 Bank Place, Londonderry (tel.: 0504-267401). Sólo almuerzos.

Salmon Leap ££
Pescado ahumado, carne de caza asada en la temporada.
53 Castleroe Road, Coleraine (tel.: 0265-52992).

Waterfoot Hotel ££
Salas circulares a varios niveles desde las que se domina el río Foyle. Verduras locales, pescado del Foyle.
Caw Roundabout, 14 Clooney Road, Londonderry (tel.: 0504-45500).

CO MONAGHAN
Andy's Restaurant ££
Nombrado seis veces Pub Ulster del Año, y también ganador del premio nacional de higiene.
Market Square, Monaghan (tel.: 047-82277). Cerrado lunes noche.

CO TYRONE
Le Curé Wine Bar £
Filetes, kebabs, platos vegetarianos.
86 Chapel Street, Cookstown (tel.: 06487-62278).

Greenvale Hotel ££
Ambiente hogareño en antigua residencia del siglo XIX. Buen menú à la carte.
57 Drum Road, Cookstown (tel.: 06487-62243).

Inn on the Park ££
Exquisitos productos locales de calidad incluidos en un amplio menú à la carte.
1 Moy Road, Dungannon (tel.: 08687-25151).

Mellon Country Inn £££
Está situado frente al Ulster American Folk Park. Comida tradicional con acento francés. Platos sin carne incluidos en un amplio menú.
134 Beltany Road, Omagh (tel.: 06626-61224).

Hoteles y alojamiento

Los niveles del alojamiento mejoran constantemente, estrechamente vigilados por las autoridades turísticas, tanto de la República como de Irlanda del Norte, y hay una buena variedad, desde los hoteles de lujo de rango internacional (aunque no tantos como en otros países), hasta albergues sencillos.

Tanto la Bord Fáilte como la Northern Ireland Tourist Board disponen de esquemas de registro con sistemas oficiales de calificación, y ambas organizaciones publican listas de alojamientos con detalles de los servicios y los precios máximos, que deben estar expuestos en las habitaciones.

Las dos organizaciones han desarrollado conjuntamente un sistema computarizado de información y reservas al que están conectadas todas las oficinas de información turística de Irlanda. Según ese sistema, conocido como «Gulliver», los que visiten la Calzada del Gigante, por ejemplo, pueden reservar alojamiento en Kinsale, Co Cork y, de hecho, en cualquier otra parte de Irlanda. Un pequeño cargo que se cobra en el momento de la reserva se deduce en la cuenta posterior.

También pueden hacerse reservas a través del Servicio Central de Reservas de la Bord Fáilte, 14 Upper O'Connell Street, Dublín 1 (tel.: 01-747733), y en la oficina de información de la Northern Ireland Tourist Board, 59 North Street, Belfast, BT1 1NB (tel.: 0232-246609).

La República también tiene un sistema de reserva avanzado para todo tipo de alojamientos, el Tel-A-Bed Ireland (tel.: 01-2841765, abierto lunes a viernes, 10.00-13.00 y 14.00-16.00).

Thomas Cook dispone de una oficina de reservas hoteleras en el aeropuerto de Dublín.

HOTELES

Bord Fáilte tiene registrados más de 650 hoteles con unas 22.000 habitaciones en total. Su calidad varía desde los hoteles internacionales de primera clase que se encuentran en Dublín y otras ciudades del país, hasta las sencillas posadas provinciales. Irlanda del Norte tiene registrados algo menos de 150 hoteles, pero eso no representa un gran problema en una provincia que se puede recorrer en cualquier dirección en menos de tres horas en coche.

La República dispone de una buena gama de alojamiento en casas de campo, a menudo elegantes mansiones o castillos históricos, con servicios excelentes e incluso de lujo. Las casas son dirigidas en muchos casos por los propietarios, que hacen todo lo posible por crear un ambiente de fiesta hogareña. Muchos lugares cuentan con piscinas climatizadas, gimnasios y equipo de ejercicio, así como de excelentes servicios deportivos para la caza, la pesca, el golf, y en ocasiones una cocina de alta calidad.

The Hidden Ireland, Kensington Hall, Grove Park, Dublín 6 (tel.: 01-686463) publica un directorio de 35 casas de campo. *The Blue Book*, publicado por el Irish Country Houses and Restaurants Association, Ardbraccan Glebe, Navan, Co Meath (tel.: 046-23416) dispone de una lista similar de propiedades.

The Shelbourne

Generalmente aceptado como «la dirección más distinguida de Irlanda» y ciertamente uno de los mejores hoteles del mundo, The Shelbourne, en St. Stephen's

Green, Dublín, ha sido inmortalizado en la literatura, también ha sido testigo de momentos espectaculares de la historia, y ha ofrecido amablemente alojamiento y pensión a personajes famosos durante casi 70 años.

William Makepeace Thackeray, George Moore y Oliver St. John Gogarty se alojaron en el hotel y escribieron sobre él. Elizabeth Bowen quedó tan enamorada del establecimiento que escribió un libro de 200 páginas sobre él, y James Joyce, que nunca llegó a alojarse aquí, lo incluyó en *Dos galantes*, una de sus historias de habitantes de Dublín, y en su famosa novela *Ulises*.

Durante el levantamiento de Pascua de 1916 las balas afectaron a la fachada mientras los rebeldes y las tropas británicas combatían en St. Stephen's Green. Los huéspedes fueron tranquilamente trasladados a un salón del fondo para seguir tomando allí el té de la tarde. En 1922, se preparó en este hotel el borrador de la

THOMAS COOK
Consejos al viajero

Los viajeros que adquieran sus billetes en una oficina de la red Thomas Cook tienen derecho a usar gratuitamente los servicios de cualquier otra oficina de la red Thomas Cook para efectuar sus reservas de hotel (véase lista en la página 185).

Constitución del Estado Libre de Irlanda. Cuando empezó la guerra civil, The Shelbourne volvió a estar en el meollo de las cosas.

The Shelbourne ha sido el principal hotel de Dublín desde 1824.

CASAS DE HUÉSPEDES

Las casas de huéspedes son una alternativa menos cara que los hoteles. La única diferencia en muchos casos la encontrará en la disponibilidad de servicios como zonas de recepción, bares y salones públicos. Se componen de por lo menos cinco dormitorios, a menudo con baño incorporado en la misma habitación, y entre los servicios ofrecidos suelen incluirse televisión y teléfonos para marcar directamente.

Típico hotel de casa urbana.

BED AND BREAKFAST

La opción de comida y cama es probablemente la más popular. Los B&B abundan por toda la República, aunque menos en Irlanda del Norte. Los establecimientos aprobados por el Bord Fáilte mostrarán un logotipo en forma de trébol en sus carteles.

Oficialmente, los B&B tienen la categoría de hogares urbanos, casas de campo o granjas, pero es posible que no sean más grandes que un bungalow rural con un dormitorio sobrante. No obstante, los servicios que se encuentren en los establecimientos registrados serán razonables.

Muchos visitantes de Irlanda prueban suerte con los alojamientos B&B, eligiendo el sitio al final del día en lugar de reservar por adelantado. Pero en tal caso es mejor no dejar las cosas hasta el final del día.

GRANJAS

Aparte de los B&B, muchas granjas ofrecen actualmente alojamiento vacacional sobre la base de una estancia prolongada. Las cenas, si es que no se ha acordado pensión completa, se ofrecen en muchos casos si se avisa antes del mediodía.

La paz y la quietud en lo que puede ser muy bien un lugar aislado constituyen atractivos evidentes, pero para los habitantes de las ciudades existirá además el atractivo adicional de experimentar de primera mano cómo es la vida en una granja. Bord Fáilte está desarrollando este concepto como Turismo Verde.

RÉGIMEN AUTÓNOMO

El alojamiento en régimen autónomo abarca instalaciones que van desde bungalows, viejas casas reconvertidas y casas semidesgajadas hasta propiedades modernas expresamente construidas para este propósito y mantenidas en un alto nivel de funcionamiento por los consorcios de propietarios.

Los miembros de Irish Cottages and Holiday Homes Association, gestionan un mínimo de ocho unidades en régimen autónomo. Todas ellas están registradas en la Bord Fáilte y en las organizaciones regionales de turismo. Los niveles son altos (aunque quizá se espere que lleve usted sus propias toallas). Muchas propiedades construidas recientemente son atractivas, aunque para el gusto de algunos se parecen demasiado a urbanizaciones residenciales. No obstante, las casas están cómodamente amuebladas, bien equipadas y con abundante espacio para aparcar. Algunas propiedades nuevas siguen los estilos ar-

La granja Ashton Grove, en Knockraha, Co Cork, ofrece un alojamiento cómodo.

quitectónicos tradicionales, con techos de paja, buhardillas y puertas tipo cuadra.

Una opción más lujosa consiste en alquilar un castillo. Algunas de estas propiedades incluyen el personal para quienes no soportan la idea de tener que pelar las patatas o abrir las botellas de champaña (véase dirección Elegant Ireland).

ALBERGUES

An Oige, la Asociación Irlandesa de Albergues de Juventud, tiene 40 albergues registrados, que van desde casas de campo y castillos hasta antiguas estaciones de la guardia costera, escuelas, cabañas de caza y cuarteles militares. Los albergues se ponen a disposición de la Federación Internacional de Albergues de Juventud, y en verano es aconsejable efectuar reserva, sobre todo en los fines de semana.

Irlanda del Norte cuenta con nueve albergues, dirigidos por la Asociación de Albergues de Juventud de Irlanda del Norte (YHANI). La República también cuenta con un mayor número de albergues independientes. Muchos son miembros de la Asociación de Albergues Independientes y ofrecen alojamiento en dormitorios comunes y en habitaciones privadas precios económicos (véase dirección de Albergues Irlandeses Económicos).

CAMPING

Hay campings y lugares para la caravana en 22 de los 26 condados de la República y en los seis condados de Irlanda del Norte. Los lugares están regulados oficialmente y son inspeccionados en la República, mientras que ambas organizaciones publican listas (véanse págs. 179-180).

INFORMACIÓN

Granjas

Fáilte Tuathe (Irish Farm Holidays), Ashton Grove, Knockraha, Co Cork (tel.: 021-821537).

Régimen autónomo

Irish Cottage and Holiday Homes Association, Atlantic Apartotel Apartments, Bundoran, Co Donegal (tel.: 072-41205).

Elegant Ireland, 15 Harcourt Street, Dublín 2 (tel.: 01-751665).

Albergues

An Oige, 39 Mountjoy Square, Dublín 1 (tel.: 01-363111).

YHANI, 56 Bradbury Place, Belfast BT7 1RU (tel.: 0232-324733).

Irish Budget Hostels, Doolin Village, Co Clare (tel.: 065-74006).

Negocios

Hasta hace apenas 20 años, la economía de Irlanda se basaba predominantemente en la agricultura. Desde entonces, la República se ha diversificado. El comercio internacional en productos manufacturados, moneda y servicios ha contribuido a crear una economía más fuerte. El saludable superávit comercial equivale a más del once por ciento del producto interior bruto. La balanza general de pagos equivale al tres por ciento del PIB.

Los irlandeses son miembros de pleno derecho de la Comunidad Europea desde 1973 y, como europeos entusiastas, han jugado un papel activo en el desarrollo del mercado único. Como nación, Irlanda se ha comprometido con la política de atraer nuevas industrias. Ya alberga a más de 1.000 empresas internacionales y muchas más muestran interés por el creciente y nuevo Centro Internacional de Servicios, en desarrollo en los muelles Custom House de Dublín, así como en otros lugares de la República.

FACILIDADES PARA CONFERENCIAS

Desde más de 30 años, empresas y organizaciones británicas han favorecido a Irlanda como lugar donde celebrar conferencias. Ahora, los empresarios extranjeros no sólo aprecian las facilidades ofrecidas por hoteles de primera clase, sino también las actividades y visitas turísticas que pueden hacerse cerca de los lugares donde se celebran las conferencias.

EDUCACIÓN

Aunque cuenta con una población de menos de cuatro millones de habitantes, Irlanda tiene la población más joven de Europa, ya que la mitad es menor de 28 años. También se afirma que es la más educada de Europa.

Desde 1980, el 18 por ciento de los gastos gubernamentales se han dedicado a la educación. Una tercera universidad, la Universidad de la Ciudad de Dublín, recibió su carta de constitución en 1989. Ese mismo año, se inauguró el Instituto O'Reilly del Trinity College para Comunicaciones y Tecnología.

Actualmente, unos 60.000 estudiantes siguen cursos completos de tercer nivel, más de la mitad de ellos en ciencias empresariales, ingeniería, tecnología, computadoras y disciplinas científicas.

Irlanda cuenta con con mayor número de licenciados por cápita que Estados Unidos. La disponibilidad de una fuerza laboral joven y bien educada es otro de los factores que atrae a las organizaciones que consideran Irlanda como su base.

VUELOS

El aeropuerto internacional de Dublín, a 20 minutos del centro de la ciudad, tiene más de cien vuelos diarios. Nueva York está a siete horas de vuelo. Toronto, Chicago y Atlanta están a nueve horas de Dublín. Londres a 50 minutos de vuelo. Se puede llegar a París, Bruselas y Amsterdam en 90 minutos. Ginebra, Copenhague, Frankfurt, Munich y Madrid están a dos horas y media. Se tardan dos horas y 35 minutos en volar hasta Milán y tres horas 10 minutos en llegar a Roma. Hay 40 vuelos diarios a Londres. (Véanse también pág. 18 y págs. 178-179.)

INDUSTRIA

La Industrial Development Authority (IDA Irlanda), como responsable de atraer a las industrias manufactureras nacionales y extranjeras y a las compañías de servicios financieros para que se establezcan en Irlanda, juega un papel clave en el fomento y desarrollo de la economía del país.

Apoyada por 19 años de experiencia a través de 19 oficinas internacionales y nueve regionales, el personal del IDA conoce las necesidades de empresas que consideren tomar Irlanda como base de sus actividades, y responde a la necesidad de tomar decisiones rápidas con un mínimo de papeleo burocrático.

La estructura divisional del IDA, con cada división dirigida por un director ejecutivo y un equipo de ejecutivos especializados en industrias de producción y de servicios concretas, asegura que la sección más apropiada se ocupe de tratar los proyectos propuestos (véanse direcciones al lado).

DIRECCIONES

IDA Irlanda, oficina principal en Wilton Park House, Wilton Place, Dublín 2 (tel.: 01-686633, fax 01-603703).
Direcciones en el extranjero:
Australia: 38th Level, MLC Centre, Martin Place, Sydney, NSW 2000 (tel.: 2-233 5999, fax 2-221 8194).
Hong Kong: 701 Ruttonjee House, 11 Duddell Street (tel.: 845-1118, fax 845-9240).
Reino Unido: Ireland House, 150 New Bond Street, Londres W1Y 9FE (tel.: 071-629 5941, fax 071-629 4270).
Estados Unidos: 2 Grand Central Towers, 140 East 45th Street, Nueva York, NY 10017 (tel.: 212-972-1000, fax 212-687 8739).

MEDIOS DE COMUNICACIÓN

Véase pág. 184.

IMPUESTOS

Las empresas extranjeras se ven atraídas a invertir en Irlanda gracias a una variedad de factores. Uno de ellos es que el impuesto sobre las empresas es de sólo el 10 por ciento, el más bajo de la CE, hasta el año 2010, y existe libertad para repatriar beneficios.

TELECOMUNICACIONES

La inversión durante la década de los ochenta de más de 2.000 millones de libras ha permitido que Irlanda se equipe con un sofisticado sistema digitalizado de telecomunicaciones, lo que permite acceder al 90 por ciento de los suscriptores mundiales de un teléfono, desde Europa al Lejano Oriente, a través del sistema internacional de marcación directa de Irlanda.

La transferencia de información de computadora a computadora y las conferencias por vídeo ya están disponibles, con tarifas que, según se afirma, se cuentan entre las más bajas de Europa.

El nuevo Centro Internacional de Servicios Financieros está conectado nacional e internacionalmente con una gama de líneas de telex, información digital y de archivos y líneas privadas (véase también **Teléfonos**, págs. 188-189).

Banco de Irlanda, en Dublín.

Guía práctica

LLEGADA
Documentación

Los ciudadanos británicos nacidos en el Reino Unido y que viajen desde Gran Bretaña no necesitan pasaporte para entrar en la República o en Irlanda del Norte, aunque sería prudente llevar algún documento de identificación, como un permiso de conducir, por ejemplo. Los visitantes de otros países de la CE deben llevar un pasaporte o documento de identidad apropiado. Los ciudadanos de Estados Unidos, Canadá, Australia y Nueva Zelanda necesitan pasaporte para entrar en la República o en Irlanda del Norte, y pueden permanecer hasta tres meses sin visado. Puede obtenerse información adicional en los consulados irlandeses (véase pág. 183).

Por avión

El aeropuerto internacional Shannon está a unos 21 km de Limerick. Hay vuelos de conexión con Dublín y otros grandes centros. Los taxis aparcan fuera del edificio principal de la terminal y Bus Éireann Expressway tiene servicios regulares a Limerick y otras ciudades. El autobús a Limerick funciona desde las 8.00 a las 24.00 y tarda 40 minutos. La estación de ferrocarril más cercana es Limerick, a dos horas y 10 minutos de Dublín.

El aeropuerto de Dublín está a 10 km del centro de la ciudad. Hay innumerables taxis, pero son relativamente caros. Es mejor hacerse una idea del precio antes de tomar uno. Dublin Bus tiene un servicio cada media hora hasta el centro de la ciudad desde las 7.30 a las 22.50, diariamente. El trayecto se hace en unos 30 minutos. Hay un autobús exprés (el número 200) desde Dublín al centro de la ciudad de Belfast (2 horas 45 minutos).

El aeropuerto internacional Horan, en Knock, dispone de un centro de información turística y servicio de alquiler de coches, pero para los que no tengan coche no es la entrada más conveniente. Hay taxis y autobuses locales a Charlestown, a 11 km de distancia. El centro más cercano de cierta importancia es Sligo, a unos 51 km al norte.

Desde el aeropuerto internacional de Belfast, el servicio de Airbus continuo ofrece el mejor medio de llegar a Belfast, a 30 km de distancia. La forma más rápida de llegar a Belfast desde el aeropuerto de la ciudad de Belfast es tomando un taxi.

Eglinton, el aeropuerto de la ciudad de Derry, es atendido por Loganair con vuelos desde Manchester y Glasgow y es una puerta de entrada útil a Donegal y el noroeste (véase pág. 18).

Por vía marítima

B&I Ferries tiene un servicio entre Holyhead y Dublín, y la empresa Sealink conecta Dun Laoghaire desde Holyhead. El cruce se hace en unas tres horas y media. Ambas compañías también navegan a Rosslare, la B&I desde Pembroke, y la Sealink desde Fishguard, y ambas tardan unas cuatro horas y media. Otra conexión desde Gales es Swansea-Cork Ferries, en un viaje de 12 horas, pero que es una buena ruta para los que quieran dirigirse hacia el sudoeste. El servicio sólo funciona entre abril y octubre.

Los cruces más rápidos entre Gran Bretaña e Irlanda son los de Stranraer y Cairnryan en Escocia hasta Larne, cerca de Belfast, servidos por la Sealink y la P&O European Ferries, respectivamente; el cruce se hace en unas dos horas y 20 minutos, pero el viaje desde Londres supone unas 13 horas. Liverpool, que en otros tiempos fue un gran puerto para cruzar el mar de Irlanda, sólo tiene ahora un servicio, en un viaje de nueve horas a Belfast atendido por la North Irish Ferries.

Los servicios entre Cherburgo y Le Havre y Rosslare por un lado, y Le Havre y Cork por otro son atendidos por Irish Ferries. Los cruces en verano entre Cork y Roscoff, y Cork y St. Malo son atendidos por Brittany Ferries. El tiempo del viaje es en cada caso de 14 horas (véase pág. 18).

CAMPING Y CARAVANING

Los campings y parques de caravanas de la República son inspeccionados y cla-

sificados por Bord Fáilte e incluidos en su lista anual *Caravan and Camping Guide*, que abarca 22 de los 26 condados. La guía se encuentra en cualquier oficina local de información turística. Algunos parques permanecen abiertos durante todo el año, pero la mayoría sólo de mayo a septiembre.

Hay un servicio central de reservas en la Irish Caravan Council Ltd/Caravan and Camping Holiday Ltd, 2 Offington Court, Sutton, Dublín 13 (tel.: 01-323776). La organización puede disponer del alquiler de hogares móviles (en lugares permanentes), caravanas rodantes y fijas, así como alquilar tiendas, equipo de camping de lujo y de apoyo. Otras empresas que alquilan equipo de camping son: Benbulben Caravans and Camping, Ballinode, Co Sligo (tel.: 071-45618); O'Meara Holidays (I) Ltd., 26 Ossory Road, Dublín 3 (tel.: 01-363233), con sucursales en Cork y Limerick; y The Tent Shop (Cork) Ltd., Rutland Street, Cork City (tel.: 021-965582).

Se pueden alquilar hogares motorizados en: Cara Motor Homes, Coonagh Cross, Ennis Road, Limerick (tel.: 061-455811); Lisduff Leisure Ltd. Moore Hall, O'Moore Street, Tullamore, Co Offaly (tel.: 0506-52179); y en Shamrock Motor Homes Ltd, Main Street, Kiltimagh, Co Mayo (tel.: 094-81705).

El Northern Ireland Tourist Board dispone de una lista de 125 campings y parques de caravanas en su guía *Where to Stay in Northern Ireland*, algunos de los parques son propiedad del Servicio Provincial de Bosques. Los visitantes pueden pasar una noche en la mayoría de instalaciones en los bosques sin hacer reserva, aunque eso no es aconsejable en temporada alta. Un permiso que cubre un período de dos a 14 noches garantiza un espacio al visitante. Para detalles ponerse en contacto con The Forest Service, Dundonald House (Room 34), Belfast BT4 3SB (tel.: 0232-650111, ext. 456).

CLIMA

El clima de Irlanda raras veces es extremado. Los meses más fríos son enero y febrero, cuando las temperaturas medias son de 4 ºC a 7 ºC. En julio y agosto, los meses más cálidos, las temperaturas medias oscilan entre 14 ºC y 16 ºC. La zona más seca es la franja costera situada cerca de Dublín, donde las lluvias anuales medias son de menos de 750 mm. En el oeste, la media de lluvia suele oscilar entre 1.000 mm y 1.300 mm, superando los 2.000 en muchos distritos montañosos. En general, abril suele ser el mes más seco, con junio siendo el más seco en muchas partes del sur.

CUADROS DE CONVERSIÓN

Véase al lado.

DELINCUENCIA

Es aconsejable que quienes visiten Dublín lleven cuidado con dónde aparcan y que eviten dejar a la vista objetos personales en el coche. Por lo demás, la República es uno de los países más seguros de Europa, aunque los visitantes deben tomar precauciones contra los carteristas y ladrones en las grandes aglomeraciones.

La delincuencia menor es comparativamente rara en Irlanda del Norte, aunque se encuentran carteristas en las zonas comerciales muy atestadas, y aumenta el robo de coches y de propiedad dejada en ellos.

La vigilancia en la República corre a cargo de la Gardai, y en Irlanda del Norte a cargo del Royal Ulster Constabulary (RUC), a los que debe acudirse en caso de tener problemas.

ADUANAS

Tanto la República como Irlanda del Norte aplican esquemas por los que los viajeros pueden recuperar el IVA sobre los artículos comprados para llevarlos al extranjero. Encontrará los detalles en las principales tiendas.

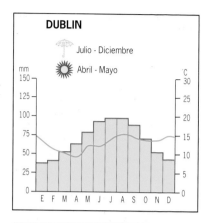

CUADRO DE CONVERSIÓN METEOROLÓGICA
25,4 mm = 1 pulgada ºF = 1,8 x ºC + 32

VIAJEROS DISCAPACITADOS

Se están mejorando las facilidades para los viajeros discapacitados. Se disponen espacios en los grandes aparcamientos para vehículos que transportan a personas discapacitadas, y un plan de banda naranja permite a estos conductores aparcar gratuitamente a ambos lados de la frontera. Bord Fáilte ofrece una guía de alojamiento especial para personas discapacitadas, y una hoja informativa de datos condado por condado. El National Rehabilitation Board, 24-25 Clyde Road, Ballsbridge, Dublín 2, publica una guía de acceso a Dublín y ofrece ayuda y consejo a los visitantes discapacitados. Se pueden alquilar sillas de ruedas en la Irish Wheelchair Association, Blackheath Drive, Clontarf, Dublín 3. También puede obtenerse información y ayuda en el Northern Ireland Council on Disability, 2 Annadale Avenue, Belfast BT7 3RJ. Se pueden alquilar coches con controles manuales en Avis Rent-A-Car, 1 Hanover Street, Dublín 2, o en Hertz, 19 Hogan Place, Dublín 2.

Tabla de Conversión

Desde	a	Multiplicar por
Pulgadas	Centímetros	2,54
Pies	Metros	0,3048
Yardas	Metros	0,9144
Millas	Kilómetros	1,6090
Acres	Hectáreas	0,4047
Galones	Litros	4,5460
Onzas	Gramos	28,35
Libras	Gramos	453,6
Libras	Kilos	0,4536
Tons	Toneladas	1,0160

Para la conversión inversa, como por ejemplo de centímetros a pulgadas, dividir por el número de la tercera columna.

Trajes de hombres

España (Europa)	46	48	50	52	54	56	58
EE.UU.	36	38	40	42	44	46	48
Reino Unido	36	38	40	42	44	46	48

Tallas vestidos

España (Europa)	34	36	38	40	42	44
EE.UU.	6	8	10	12	14	16
Francia	36	38	40	42	44	46
Italia	38	40	42	44	46	48
Reino Unido	8	10	12	14	16	18

Camisas caballero

España (Europa)	36	37	38	39/40	41	42	43
EE.UU.		14	14,5	15	15,5	16	16,5	17
Reino Unido		14	14,5	15	15,5	16	16,5	17

Zapatos caballero

España (Europa)	41	42	43	44	45	46
EE.UU.	8	8,5	9,5	10,5	11,5	12
Reino Unido	7	7,5	8,5	9,5	10,5	11

Zapatos señora

España (Europa)	38	38	39	39	40	41
EE.UU.	6	6,5	7	7,5	8	8,5
Reino Unido	4,5	5	5,5	6	6,5	7

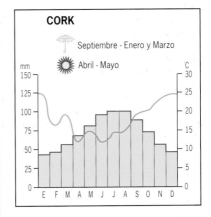

CORK

Septiembre - Enero y Marzo

Abril - Mayo

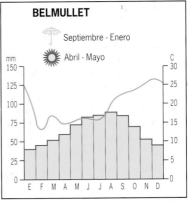

BELMULLET

Septiembre - Enero

Abril - Mayo

CONDUCCIÓN

Se conduce por la izquierda a ambos lados de la frontera. Los conductores y los acompañantes deben ponerse los cinturones de seguridad y los pasajeros de atrás también si el vehículo dispone de cinturones.

La República cuenta con tres clasificaciones de carreteras: Principal Nacional (mostrada en los mapas y carteles con el prefijo N y numerada del 1 al 25), Secundaria Nacional (prefijo N y con número superior al 50), y Regional (prefijo R).

Irlanda del Norte también tiene tres clasificaciones de carreteras: autopistas (prefijo M) y carreteras A y B.

AA tiene sus oficinas principales en 23 Rock Hill, Blackrock, Dublín (tel.: 01-2833555); 12 Emmet Place, Cork (tel.: 021-276922), y Fanum House, 108-110 Great Victoria Street, Belfast (tel.: 0232-328924).

Avería

Los conductores de coches alquilados deberían actuar según las instrucciones incluidas en su documentación. Si conduce su propio vehículo y es miembro de la AA o de uno de los clubes de conductores de la AIT, puede llamar al servicio de averías de la AA a ambos lados de la frontera.

Alquiler de coches

Todas las grandes empresas internacionales de alquiler de coches están representadas en Irlanda. También hay una serie de empresas locales pequeñas que funcionan según un código de conducta establecido en la República por la Bord Fáilte y el Car Rental Council, y que a menudo ofrecen precios mucho más baratos, aunque quizá no le permitan hacer un viaje de un solo trayecto. El alquiler de coches es más barato en Irlanda del Norte que en la República.

El puente Ha'penny de Dublín recibe su nombre del peaje que antiguamente se tenía que pagar para cruzarlo.

Documentación

Necesitará un permiso de conducir válido y, si lleva su propio vehículo, la documentación de registro (o una carta de autorización del propietario del vehículo si no está registrado a su nombre), además de un certificado de seguro válido para la República o para Irlanda del Norte.

Combustible

El combustible es más barato en Irlanda del Norte. Existen actualmente multitud de gasolineras abiertas permanentemente a ambos lados de la frontera.

Seguro

Lo mejor para el viajero es el seguro a todo riesgo, con daños por colisión si es de alquiler. Compruebe que el seguro cubra tanto la República como Irlanda del Norte si tiene la intención de cruzar la frontera.

Límites de velocidad máxima

República (R), Irlanda del Norte (IN)
- 113 kph en autopistas y vías de doble sentido (R, IN).
- 96 kph en zonas rurales (IN).
- 48 kph en zonas urbanas (R, IN).
- 64 kph en vehículos con remolque (R).
- 88 kph en otras carreteras, a menos que se indique lo contrario.

ELECTRICIDAD

República: 220 V AC (50 ciclos).
Irlanda del Norte: 240 V AC.

Los enchufes son en todas partes el de tipo estándar en el Reino Unido, con tres clavijas planas; en algunos lugares de la República todavía se encuentran algunos de dos clavijas y redondos. Todos los aparatos estadounidenses necesitarán de un adaptador de clavijas y de un transformador.

EMBAJADAS Y CONSULADOS

España: 17A Merlyn Park, Ballsbridge Dublín 4 (tel.: 269 16 40).

Argentina: 15 Ailesbury Drive.
Dublín 4 (tel.: 269 46 03).
México: 27 Upper Pembroke St.
Dublín 2 (tel.: 61 58 99).
Reino Unido: 27 Upper Pembroke St.
Dublin 2 (tel.: 61 58 99).
Estados Unidos: 42 Elgin Road, Balls-
bridge, Dublín 4 (tel.: 01-688777).

**Oficinas consulares para Irlanda
del Norte:**
Australian High Commission
Australia House, The Strand, Londres
WC2B 4LA (tel.: 071-379 4334).
Canadian High Commission
Macdonald House, 1 Grosvenor Square,
Londres W1X 0AB (tel.: 071-629 9492).
New Zealand High Commission
New Zealand House, Haymarket, Londres
SW1Y 4TW (tel.: 071-930 8422).
Consulado de Estados Unidos
Queen's House, 14 Queen Street, Belfast
BT1 6EQ (tel.: 0232-328239).

Embajadas en el extranjero:
España: Cludio Coello, 73, 1.º
28001 Madrid (tel. 576 35 00).
Argentina: Suipacha 1380 - 2.º P.
1011 Buenos Aires (tel.: 325 85 88).
Reino Unido: 17 Grosvenor Place, Lon-
dres SW1X 7HR (tel.: 071-235 2171).
México: San Jerónimo 790 A.
(San Jerónimo Lídice)
Delegación Magdalena Contreras
10200 México DF (tel.: 595 33 33).

TELÉFONOS DE EMERGENCIA

Marque el 999 para los servicios de la
policía, los bomberos o ambulancia, tanto
en la República como en Irlanda del
Norte.

SALUD Y SEGURO

Irlanda cuenta con buenos suministros
de agua y servicios públicos, y no hay exi-
gencias o regulaciones especiales para visitantes.

Según los acuerdos de reciprocidad vi-
gentes en los países de la CE, los visitantes de estas nacionalidades tienen derecho
a tratamiento médico tanto en la República
como en Irlanda del Norte, pero deben obtener el formulario E111 de su propia Seguridad Social Nacional.

El formulario debe presentarse al médico si es posible antes del tratamiento o
de que se inicie la consulta. En la República tendrá que asegurarse de que el médico
o dentista están registrados en el Health
Board Panel antes de buscar tratamiento
para el acuerdo de reciprocidad. En teoría,
los visitantes británicos no necesitan el
formulario E111, ya que se supone que es
aceptable cualquier forma de identificación.

Los visitantes de países que no sean de
la CE necesitarán adecuado seguro médico
y a los ciudadanos de la CE también se les
aconseja disponer de cobertura adicional.
Aparte del seguro médico, una póliza debería incluir cobertura contra responsabilidad frente a terceros, pérdida de equipaje
y cancelación de viaje. Si tiene que some-
terse a tratamiento, asegúrese de guardar
todos los recibos para presentarlos junto
con su reclamación al seguro.

AUTOESTOP

En las partes más remotas de Irlanda,
el autoestop es la forma de desplazarse habitual de las gentes locales, pero cuentan
con la ventaja de ser conocidas por los
conductores locales.

Es posible que los extraños no sean tan
afortunados y tengan que pasar largo rato
de espera en lugares donde el tráfico sea
escaso. En Irlanda del Norte los autoesto-
pistas despiertan sentimientos de recelo
tanto entre las gentes locales como entre
las fuerzas de seguridad.

IDIOMA

El inglés y el irlandés son idiomas oficiales en la República y ambos se enseñan

ahora en la escuela. En las zonas Gaeltacht del oeste y del norte, el irlandés quizá sea la única lengua que escuche hablar
y es posible que sea la única que aparezca
en los carteles. No obstante, siempre encontrará a alguien dispuesto a hablarle en
inglés.

PÉRDIDAS

Informe inmediatamente de las pérdi-
das graves, como pasaporte, tarjetas de
crédito o cheques de viajero. Para los pa-
saportes perdidos, informe a su embajada,
que le podrá emitir documentos de urgen-
cia. Quizá puedan ayudarle también con
fondos de emergencia si ha perdido o le
han robado los cheques de viajero (véase
pág. 183). Para cheques de viajero perdidos o robados Thomas Cook, véanse también los números de teléfono de la página
siguiente.

MAPAS Y GUÍAS

Los mapas de carreteras de Irlanda se
entregan gratuitamente en las compañías
de alquiler de coches, pero para mapas regionales y urbanos más grandes, la mejor
fuente debería ser la oficina local de turismo, donde pueden cobrarle. Las librerías
de toda Irlanda suelen tener un buen surtido de mapas producidos comercialmente,
incluidos los publicados por el Ordnance
Surveys, tanto en Irlanda del Norte como
en la República. Guías que abarcan el Ulster Way son publicadas por el Sports
Council for Northern Ireland, House of
Sport, Upper Malone Road, Belfast BT9
5LA (tel.: 0232-381222).

MEDIOS DE COMUNICACIÒN

La República tiene cuatro periódicos
nacionales matutinos: *Irish Times*, *Irish
Independent*, *Irish Press* y el *Cork Exami-
ner*. Hay tres periódicos vespertinos. Los
periódicos dominicales incluyen el *Sunday
Tribune*, con una buena cobertura informativa sobre las artes, y el *Sunday Busi-*

ness Post, que abarca las artes, los asuntos
internacionales y los temas financieros. Los
periódicos provinciales ofrecen una buena
visión de la vida irlandesa en sus mismas
raíces y revelan lo que sucede en el ambiente de la diversión local.

La República tiene dos canales de televisión: RTE1 y RTE2. La RTE es la Radio
Telefis Éireann, organismo emisor propiedad del Estado que tuvo monopolio sobre
la red de radio hasta la reciente introducción de emisoras independientes de radio.
En la mayor parte de Irlanda se reciben los
programas de radio y televisión del Reino
Unido.

En Irlanda del Norte el principal periódico diario es el *Belfast Telegraph*, que se
publica a media tarde. Los periódicos de la
mañana son el republicano *Irish News* y
el unionista *News Letter*. La televisión del
Ulster es el canal comercial regional y la
provincia también recibe programas desde
el Reino Unido y la República. La emisora
local de radio de la BBC es Radio Ulster,
y hay una serie de emisoras independientes.

DINERO

La libra irlandesa, el punt, está dividida en 100 peniques, con monedas de 1, 2,
5, 10, 20, 50 peniques y una libra. Los billetes usados con mayor frecuencia son los
de 5, 10 y 20 libras. La libra esterlina es la
moneda usada en Irlanda del Norte y las
monedas y billetes siguen las mismas de-
nominaciones que los de la República.

El horario bancario en la República es
de 10.00-12.30 y 13.30-15.30 los días laborables, y la mayoría de las grandes sucursales permanecen abiertas hasta las
17.00 los jueves. Las sucursales de los
pueblos es probable que sólo estén abiertas uno o dos días a la semana. Las oficinas principales de Irlanda del Norte permanecen abiertas de 10.00 a 15.30, de
lunes a viernes, y hasta las 17.00 los jueves.

Tanto la moneda como los cheques de viajero se pueden cambiar en las oficinas de cambio de moneda de los aeropuertos internacionales, a ambos lados de la frontera. Antes de cambiar en un banco, vale la pena comparar la tasa de cambio. También puede cambiarse moneda en las oficinas de correos y de información turística. Los hoteles también cambiarán moneda y cheques de viajeros. Las grandes tarjetas de crédito se aceptan en todo el país, en hoteles, grandes almacenes y principales restaurantes. En Irlanda del Norte las tarjetas más comúnmente aceptadas son Master Card y Visa.

Las oficinas de la red mundial de Thomas Cook en las direcciones siguientes pueden ofrecer ayuda de emergencia a quienes utilicen cheques de viajero Thomas Cook, o la tarjeta MasterCard-Thomas Cook. Con la excepción de la localidad de Cobh, en todas ellas se puede cambiar moneda extranjera:

Thomas Cook Travel, 11 Donegal Place, Belfast; Thomas Cook Foreign Exchange, aeropuerto internacional de Belfast; J. Barter & Sons, 29 West Beach, Cobh; J. Barter & Sons, 92 Patrick Street, Cork; Thomas Cook Overseas, 51 Grafton Street, Dublín; Thomas Cook Overseas, 118 Grafton Street, Dublín; Thomas Cook Travel, Unit 33, Bloomfield Shopping Centre, Bangor; Thomas Cook Travel, 23 Kingsgate Street, Coleraine.

Palabras y frases útiles

Como cualquier otro pueblo que se enorgullece de su herencia, el irlandés se muestra complacido si los visitantes intentan pronunciar una frase o dos, y ofrecer un «por favor» o un «gracias» en irlandés consigue mucho. He aquí unas pocas palabras con las que se puede encontrar, junto con su pronunciación:

Bord Fáilte	*bord fall-cha*	Junta de Turismo Irlandés
ceilidh	*kaylii*	danza tradicional o música nocturna
Gaeilge	*gale-gay*	el idioma irlandés
Gaeltacht	*gale-takt*	zona de habla irlandesa
Garda Siochana	*gauda shikauna*	policía
fleadh	*flah*	espectáculo o festival musical tradicional
Taoiseac	*tishock*	primer ministro

Y he aquí algunas de las palabras que puede probar a pronunciar:

tabhairne	*tavernai*	pub
slainte	*slaun-tai*	saludo
mas e do thoil e	*maus e du jull e*	por favor
gura maith agat	*gurra ma a-gut*	gracias
la maith	*lau mah*	buenos días
slan	*slaun*	adiós
oiche mhaith	*i-hay-vah*	buenas noches

FIESTAS NACIONALES

(IN) Sólo en Irlanda del Norte
(R) Sólo en la República
Día de Año Nuevo: 1 de enero
Día de San Patricio: 17 de marzo
Viernes Santo: (R)
Lunes de Pascua
Día de Mayo: primer lunes de mayo
Fiesta Bancaria de Primavera: (IN) último lunes de mayo
Fiesta de Junio: (R) primer lunes de junio
Día de Orangement: (IN) 12 de julio
Fiesta de Agosto: (R) primer lunes de agosto
Fiesta de finales del verano: (IN) último lunes de agosto
Fiesta de octubre: (R) último lunes de octubre
Día de Navidad: 25 de diciembre
Día de San Esteban: 26 de diciembre

THOMAS COOK
Consejo al viajero

Los viajeros que adquieran sus billetes en una oficina de la red Thomas Cook pueden recibir ayuda de emergencia gratuita en cualquier otra oficina de la red Thomas Cook, y quienes presenten la tarjeta MasterCard pueden usar esa oficina para informar de la pérdida o robo de las tarjetas y obtener reposición de emergencia. Para restitución de fondos de cheques de viajero Thomas Cook (informe de la pérdida o robo en 24 horas) llame por teléfono a los números siguientes: desde Irlanda del Norte 0800-622101 (llamada gratuita); desde la República: 0044-733 502995 (cargo inverso). El servicio funciona las 24 horas del día.

HORARIOS COMERCIALES

Generalmente, las tiendas permanecen abiertas en toda Irlanda de 9.00 a 17.30/18.00, de lunes a sábado, con algunas que permanecen abiertas hasta las 20.00/21.00 los jueves o viernes. Algunas cierran antes un día a la semana. En las ciudades pequeñas y en las zonas rurales de la República los horarios son más flexibles y en numerosos lugares la tienda general será también el pub local. Los pubs abren en la República, de lunes a sábado, 10.30-23.00 (23.30 en verano); domingo, 12.30-14.00 y 16.00-23.00. En Irlanda del Norte los horarios de los pubs son 11.30-23.00 de lunes a sábado, con 30 minutos de tiempo «para beber». La mayoría de pubs abren los domingos, entre 12.30-14.30 y 19.00-22.00.

VISITAS ORGANIZADAS

Hay un amplio abanico de visitas organizadas por Irlanda, la mayoría en autobús. Unas dos docenas de empresas son miembros de la Irish Incoming Tour Operators' Association, que trabaja estrechamente con la Bord Fáilte y la Northern Ireland Tourist Board en el mantenimiento de los niveles y la promoción de Irlanda. Para información sobre visitas guiadas en la República, ponerse en contacto con CIE Tours International, 35 Lower Abbey Street, Dublín (tel.: 01-731100); para Irlanda del Norte, ponerse en contacto con Ulsterbus Travel Centre, Glengall Street, Belfast (tel.: 0232-320011/320574).

Un crucero por el Shannon puede ser una forma insólita de ver Irlanda. Las barcazas fluviales se han reconvertido para ofrecer gran estabilidad a bordo, alojamientos lujosos y comidas de *haute cuisine*.

Hay tres compañías que ofrecen cruceros: Shannon Barge Cruises, Ogannelloe, Tuamgraney, Co Clare (tel.: 0619-23044); Shannon Barge Line, Main Street, Carrick-on-Shannon, Co Leitrim (tel.: 078-20520); y Shannon River Floatels, Killaloe, Co Clare (tel.: 061-376688).

El autobús del Dublin Heritage Trail ofrece una buena ruta para introducirse en la ciudad. Se detiene en 10 paradas especialmente situadas para visitar los principales lugares de interés. Se ofrecen comentarios continuos y los pasajeros pueden subir y bajar del autobús cuando lo decidan. El autobús funciona entre las 10.00 y las 16.00 desde el 12 de abril al 27 de septiembre y los billetes son válidos para usarlos todo el día. Dublin Bus, 59 Upper O'Connell Street, Dublín 1 (tel.: 01-720000/734222).

Otra visita interesante por la ciudad es el Dublin Literary Pub Crawl, en el que actores guían a grupos por los lugares públicos visitados por Beckett, Behan, Joyce y otros, y por los personajes que ellos crearon, interpretando extractos de sus obras (tel.: 01-540228).

FARMACIAS

Además de medicamentos que se sirven con receta y sin receta, las farmacias venden cosméticos, productos para la higiene femenina y película fotográfica. Los anticonceptivos, ahora legales en toda Irlanda, todavía son difíciles de conseguir en algunas partes de la República. Cuando están cerradas, la mayoría de farmacias muestran un cartel indicando la dirección de la farmacia más cerca que permanece abierta.

LUGARES DE CULTO

Las iglesias católicas y protestantes abundan en toda Irlanda, pero hay pocos lugares de culto que no sean cristianos. Se encuentran sinagogas en Belfast, Cork y Dublín.

OFICINAS DE CORREOS

Las oficinas de correos de la república abren de 8.00 a 17.30/18.00, de lunes a sábado. Las suboficinas cierran a las 13.00 un día a la semana. La Oficina General de Correos, en O'Connell Street, Dublín, permanece abierta de 8.00 a 20.00, de lunes a sábado y de 10.30 a 18.00 los domingos y fiestas públicas.

Las oficinas de correos de Irlanda del Norte permanecen abiertas de 9.00 a 17.30 de lunes a viernes, y de 9.00 a 13.00 los sábados.

TRANSPORTE PÚBLICO

Aéreo

Los vuelos desde Dublín hasta otros aeropuertos de Irlanda son operados por Aer Lingus y Ryanair. Las islas Aran son atendidas diariamente desde Galway por Aer Arann.

Autobús

Bus Éireann (tel.: 01-366111) dispone de una red de rutas exprés que atiende a la mayor parte del país. Dublin Bus (tel.: 01-734222) sirve la gran zona de Dublín. Un billete de exploración de Dublín, con validez para cuatro días, abarca los viajes por la red de metro, así como de los autobuses por todo Dublín. Ulsterbus (tel.: 0232-320011) tiene conexiones exprés entre Belfast y 21 ciudades de Irlanda del Norte. Se consiguen billetes de viaje ilimitado (véase pág. 19).

Servicios de ferry

Los servicios marítimos aprobados funcionan desde el país hasta algunas islas si el tiempo lo permite. Los principales son: Doolin-Inishmore e Inisheer (tel.: 065-74455); Baltimore-Cape Clear (tel.: 028-39119); Schull-Cape Clear (tel.: 028-28138); Glengarriff-Garinish (tel.: 027-63081); Burtonport-Arranmore (tel.: 075-21532). Dos importantes ferries con transporte de vehículos funcionan entre Ballyhack, Co Wexford, y Passage East, Co Waterford (tel.: 051-82480), y Killimer, Co Clare, y Tarbert, Co Kerry (tel.: 065-53124). Cruzar el estuario del Shannon, entre Killimer y Tarbert, ahorra cien km de trayecto por carretera.

El sistema DART de Dublín.

Ferrocarril

Iarnród Éireann (tel.: 01-366222) y Northern Ireland Railways (tel.: 0232-230310) ofrecen billetes especiales con descuento. El Irish Rover ofrece viaje ilimitado por ferrocarril durante ocho o quince días por toda Irlanda, y la Emerald Card abarca los trayectos en autobús y tren por toda la isla durante un período de tiempo similar (véase pág. 19).

Taxis

Los taxis se encuentran en las grandes ciudades, en las paradas, o frente a los hoteles, así como en los aeropuertos, estaciones principales de ferrocarril y puertos. No todos tienen taxímetros, por lo que es mejor hacerse previamente una idea de lo que costará la carrera. En Irlanda del Norte no es insólito que los clientes compartan los taxis negros al estilo de Londres.

CIUDADANOS MAYORES

Los clientes mayores de 50 o 55 años pueden conseguir descuentos en muchas compañías de alquiler de coches, así como en algunos hoteles y atracciones turísticas. Varios touroperadores ofrecen paquetes especiales de primavera y otoño para ciudadanos mayores.

VIAJE DE ESTUDIANTES Y JÓVENES

Los miembros de An Oige (Asociación Irlandesa de Albergues de Juventud), o de la Asociación de Albergues de Juventud de Irlanda del Norte (para las direcciones véase la pág. 175), pueden conseguir descuentos en algunos cruces en ferry, y los poseedores de una tarjeta internacional de estudiante válida pueden comprar un sello Travelsave que les da derecho a ahorros del 50 por ciento en Bus Éireann, billetes de la Irish Rail y de los ferries de la línea B&I (entre Gran Bretaña e Irlanda). Los sellos Travelsave pueden adquirirse en la USIT, 19 Ashton Quay, Dublín 2 (tel.: 01-778117). Se permite viajar por Irlanda con un Pase Juvenil de Eurorrail, que sólo pueden conseguir los que vivan fuera de Europa. Los pases abarcan viajes por 17 países europeos y los hay para diferentes períodos de tiempo. Se pueden adquirir en las agencias de viaje, pero tienen que comprarse antes de que el viajero abandone su país.

TELÉFONOS

Abundan los teléfonos públicos para hacer llamadas internas e internacionales. Las tarjetas telefónicas se adquieren en las oficinas de correos, los quioscos y otras tiendas. Marcar directamente es más barato que pasar por una operadora, y los teléfonos privados son más baratos que los públicos. Las tarifas más baratas se aplican entre las 18.00 y las 8.00 los días laborables y los fines de semana. Los hoteles aplican fuertes sobrecargas para llamadas hechas desde las habitaciones. Irlanda del Norte forma parte del sistema telefónico del Reino Unido, de modo que no hay números especiales para los que llaman desde fuera. Los que llamen a Irlanda tienen que marcar antes su código internacional de acceso:

• **España:** 07, Argentina 00

Luego hay que marcar el 353 para la República o el 44 para Irlanda del Norte, seguido por el número completo menos el primer cero del código de zona.

Para las llamadas internacionales desde Irlanda, excepto a Gran Bretaña, marcar el 010 en Irlanda del Norte y el 00 en la República, seguido por el código del país:

• **España:** 34
• **Argentina:** 54
• **México:** 52

Luego marcar el número completo, omitiendo el primer cero del código de zona.

Para llamar al Reino Unido desde la República, marcar el 0044 y luego el número completo.

En la República, marcar el 114 para la operadora internacional y el 1190 para información de la guía, incluidos los números de Irlanda del Norte. En Irlanda del Norte marcar el 100 para la operadora, el 192 para información de la guía (incluidos los números de la República), el 153 para información internacional y el 155 para la operadora internacional.

HORA

Tanto la República como Irlanda del Norte siguen la hora media de Greenwich (GMT), pero con los relojes adelantados una hora desde finales de marzo a finales de octubre, como en Gran Bretaña. Las diferencias horarias con otros países son:

• **Australia:** añadir de ocho a diez horas.
• **Canadá:** restar de tres y media a nueve horas.
• **Nueva Zelanda:** añadir doce horas.
• **Estados Unidos:** restar de cinco a once horas.

PROPINAS

Dejar una propina del 10 al 15 por ciento en hoteles y restaurantes, aunque algunos establecimientos ya incluyen en la cuenta un recargo por servicio. Los taxistas esperan el 10 por ciento de la carrera y los mozos de hotel 50 peniques por maleta.

LAVABOS

Los lavabos públicos (en irlandés *Fir* = Caballeros; *Mná* = Señoras) son limpios y utilizables en las zonas turísticas. Espere lo peor y diríjase al hotel o bar más cercano.

OFICINAS DE TURISMO

Bord Fáilte y la Northern Ireland Tourist Board tienen oficinas en el extranjero que ofrecen una amplia gama de información para ayudar a planificar una visita.
Bord Fáilte
Australia: 5th Level, 36 Carrington Street, Sydney, NSW 2000 (tel.: 02-299 6177).
Canadá: 160 Bloor Street, East Suite 1150, Toronto, Ontario M4W 1B9 (tel.: 416-929 2777).
Reino Unido: 150 New Bond Street, Londres W1Y 0AQ (tel.: 071-493 3201); 53 Castle Street, Belfast BT1 1GH (tel.: 0232-327888).
Estados Unidos: Third Avenue, Nueva York, NY 10017 (tel.: 212-418 0800).

Northern Ireland Tourist Board
República de Irlanda: 16 Nassau Street, Dublín 2 (tel.: 01-6791977).
Reino Unido: 11 Berkeley Street, Londres W1X 5AD (tel.: 071-493 0601).
Estados Unidos: 50 W 57th Street, 3rd Floor, Nueva York, NY 10001 (tel.: 212-686 6250).

Hay unas 100 oficinas de información turística en la República y otras 30 en Irlanda del Norte. Una tercera parte de ellas permanecen abiertas durante todo el año.

Bord Fáilte tiene sus oficinas principales en 14 Upper O'Connell Street, Dublín 1 (tel.: 01-765871). La oficina principal de la Northern Ireland Tourist Board está en: 59 North Street, Belfast BT1 1NB (tel.: 0232-246609).

El All-Ireland Information Bureau de Londres está en 12 Regent Street, Londres SW1Y 4PQ (tel.: 071-839 8416), que se ocupa de informar sobre el conjunto de Irlanda.

AGRADECIMIENTOS
The Automobile Association desea expresar su agradecimiento a los fotógrafos, bibliotecas y organizaciones siguientes por su ayuda en la preparación de este libro:
AER LINGUS, 18a; BORD FAILTE, 32, 41, 42, 47, 60, 62, 63, 65a, 68a, 71b, 91, 138, 153, 175; INTERNATIONAL PHOTOBANK, cubierta, foto principal; THE SLIDE FILE, 128; WATERFORD CRYSTAL, 67.
Todas las restantes fotografías son de la biblioteca gráfica de The Automobile Association, con contribuciones de:
L. BLAKE, cubierta, 50, 69a, 83, 157; J. BLANDFORD, inserción cubierta, 5, 16, 23, 67, 71a, 79, 104b, 123, 124, 125, 131, 155; D. FORSS, 391, 48-49, 72, 76, 82; CHRIS HILL, 1, 12, 17, 21, 28, 80, 84, 85, 87a, 87b, 88, 90, 93, 95, 98, 101, 102, 107, 110, 112, 113, 114, 115, 117, 129, 130, 136b, 139, 144, 145, 149, 150, 151, 154a, 154b, 159, 160, 165, 167; STEFFAN HILL, 11b, 18b, 19b, 20, 22a, 22b, 29c, 37b, 70, 73, 74, 75, 105a, 126, 127, 133b, 137b, 147a, 168, 185; J. JENNINGS, 2, 69b, 104a, 108a, 108b; G. MUNDAY, 10, 14, 15, 24, 26a, 26b, 28-29, 30, 33, 34, 38, 40, 45, 57, 100, 103, 104-105, 105b, 106, 109, 122, 147b; MICHAEL SHORT, 4, 6, 13, 19a, 27, 29b, 35b, 36, 36-37, 37a, 37c, 39b, 44, 46, 48a, 51, 52, 53, 54, 55, 64, 66, 86, 137a, 142, 142-143, 143a, 143b, 146a, 146b, 173, 174, 177, 182, 188; W. VOYSEY, 9, 35a, 132, 133a; P. ZOELLER, 29a, 68b.

Asesor Editorial: Melissa Shales.